别让管理输给表达

王清莹◎著

金城出版社
GOLD WALL PRESS

图书在版编目（CIP）数据

别让管理输给表达 / 王清莹著. —北京：金城出版社，2018.4
ISBN 978-7-5155-1663-9

Ⅰ. ①别… Ⅱ. ①王… Ⅲ. ①管理学－口才学 Ⅳ. ①C93-05

中国版本图书馆 CIP 数据核字（2018）第 071133 号

别让管理输给表达

作　　者　王清莹
责任编辑　李铁武
文字编辑　李明辉
开　　本　710 毫米 ×1000 毫米　1/16
印　　张　15.5
字　　数　200 千字
版　　次　2018 年 8 月第 1 版
印　　次　2018 年 8 月第 1 次印刷
印　　刷　三河市百盛印装有限公司
书　　号　ISBN 978-7-5155-1663-9
定　　价　48.00 元

出版发行　**金城出版社**　北京市朝阳区利泽东二路 3 号　邮编：100102
发 行 部　(010)84254364
编 辑 部　(010)64391966
总 编 室　(010)64228516
网　　址　http：//www.jccb.com.cn
电子邮箱　jinchengchuban@163.com
法律顾问　北京市安理律师事务所　18911105819

前言

FOREWORD

为什么管理者都是表达高手

小米科技 CEO 雷军曾说："我的演说水平远不能与马云相比，马云的号召力与说话水平，我是望尘莫及的。"雷军其实说出了一个现象：成功的企业家与管理者都是表达高手，他们愿意表达，更善于表达。

随便掰掰手指，便可以数出一大串极具表达魅力的管理者：马云思维之缜密、说话之形象自不必多言，还有罗永浩、俞敏洪、李开复、徐小平、周鸿祎等，他们的即兴演讲都能让人感受到思维与语言的精彩绝伦。

这里不得不让人思考：为什么管理者越来越像表达专家？这是一个看似无聊实则有趣的话题。

想知道这个问题的答案，我们首先从管理者的职能谈起，即对内强化管理水平，对外塑造企业形象。管理者想要更好地完成这两个职能，结构化与形象化的表达能力是关键。没有结构化与形象化的逻辑层面，问题就会如同无序的洪水一般涌入头脑，令人难以把握重点。

从管理角度来看，结构化是逻辑思维与问题解决的基础，形象化是有效沟通与消除分歧的基础。有了结构化与形象化的特征，表达告别了简单的说话功能，成为展示管理者专业能力与个人魅力的手段。因此，能否逻辑、形象地诠释企业文化与所提供的产品或服务的理念，决定了管理者对组织内部管理水平与外部形象塑造的具体走向。

此时，管理者早已不是单纯的管理责任人，而是自己、组织与产品最好的形象代言人。要做到这一点，就需要一套系统、简洁、有效的表达技巧，这样才能让管理者面对问题时有思路，解决问题时有章法，阐述观念时有秩序。

立足于金字塔原理的结构化表达方式，正好可以满足管理者的这些需求。作为一种重点突出、逻辑清晰、主次分明的表达方式，结构化表达对于管理者现实工作的意义是毋庸置疑的：管理者的管理意图、管理手段、工作举措、指标体系等都离不开高超的语言表达能力，而结构化在这一过程中恰好担当起了管理者个人思维与智慧的载体，演变成了管理者权力与责任的表现手段。

从这一意义上来说，管理者能否利用结构化思维实现清晰有序的表达，是否懂得利用成果导向建立起从低效到高能的沟通，能否在阐述主张、表达观点时坚持主题先行，以及在表达过程中体现出来的逻辑、思维、归纳演绎是否足够缜密，是否具有专业力，其实都是不可回避且可以左右你在职场攀升的重要因素。

在这个巨变正在发生的时代，管理工作对个人表达能力与思维能力的需求是空前的。管理者比以往任何一个时期都面临更多的选择。若没有结构化的表达能力，我们的思维就很容易飘散，这无疑对做出决策没有帮助。

你不必追求利用技巧成为言论英雄，但结构化的思维的的确确可以使你在表达能力上突飞猛进，进而成为管理岗位上的表达高手。

目录

CONTENTS

第一章

结构思维：用思考实现清晰有序的表达

99%的低效行为都是由于个人思维混乱、表达不清晰、事事无头绪所造成的，而此类问题的最终解决途径只有一个：建立起思维上的结构化。这也是实现捷思妙言的第一步：形成了结构化思维，在阐述问题、解决问题时，才能真正做到思路清晰、统观全局。

第二章

成果导向：结论先行实现低效到高能

以终为始，结论先行式思维最优表现在于，它起到了“锚定效应”，给对方设立了一个参照系：当你在第一时间找出结论，将次要的内容放在后面时，你的工作重点会明确，对方的理解成本会大大下降。这不仅能降低沟通难度，更能让双方将注意力集中在问题上。

第三章
主题先行：有目标的表达才能彰显意义

当明确了自己的最终结论后，你便明确了自己下一步的工作主题。此时，有必要运用结构化思维，依据结论形成的主题，建立起纵向架构：如何以结论为起点，建立起以上统下的说明结构？如何让自己举出的每一个例子、道出的每一个观点都为“佐证”结论而生？

第四章
逻辑结构：无懈可击的阐述便是说服力

罗素曾言：语言问题归根结底就是逻辑问题。如果你想真正地实现捷思妙言，组织与表达上的逻辑能力便是绕不开的问题。在一切思考与表达技巧之中，建立于逻辑清晰、抓准心理基础上的技巧才是真正有效的工具，在此基础上，击中对方的痛点，满足需求，才可以解决问题，获得你想要的结果。

第五章

横向比较：你的思维永远不会枯竭

横向思维是结构化思考的重要方面：当你找出了自己的重点以后，不要急着判断“它是什么”，而要尽可能思考“它可能是什么”。进行了有效的结构化阐述后，这种水平方向多维度的审视不仅能够延展思路，同时也能够让你在阐述与对话的过程中找到更多有利于主题的论证。

第六章

归纳演绎：用过程展示自然推理

如果你参观过著名管理咨询企业麦肯锡项目小组的工作现场，你便会惊讶于这样的场景：那些在商场打拼了十几年乃至数十年的老总们，总是会抽出时间去倾听那些年轻顾问的建议。造就这种现象的根本原因在于，麦肯锡咨询顾问极善于使用演绎归纳展示与指正问题。如果你能够像他们一样，能够针对性地说服他人，清晰地罗列问题要点，那么你会因完美表达赢得他人的尊重。

第七章

气场塑造：表达要从技术提升到艺术

表达究竟是艺术还是技术？如果你观赏过如乔布斯、马云等人的演讲，你便会意识到，他们在聚光灯下表现出来的慷慨激昂其实是一种风范。这些出色的演讲者将观点表达变成了展示自我魅力的舞台。想如他们一般，将表达力从技术提升到艺术层面吗？那你必须学习一下如何才能塑造出自己专业化的风范。

第一章

结构思维：用思考实现清晰有序的表达

99%的低效行为都是由于个人思维混乱、表达不清晰、事事无头绪所造成的，而此类问题的最终解决途径只有一个：建立起思维上的结构化。这也是实现捷思妙言的第一步：形成了结构化思维，在阐述问题、解决问题时，才能真正做到思路清晰、统观全局。

1. 金字塔模型，让你的观点一目了然

很多人虽然已晋升管理者，但是在工作过程中依然不知如何表达、总结。这些人思维混乱，一遇到需要证明自我观点的时候就不知从何处入手。比如，在向自己的顶头上司进行工作汇报时，他们可能会这样说：

“最近，我留意到原材料的价格正在不断上涨，刚好几家正在合作的物流公司也打电话说要提价。我比较了几家的价格，但并没有办法说服他们以原有价格与我们合作；此外，我们的竞争品牌现在正在涨价，我看到A品牌的定价比之前高出了10%；对了，广告花销最近比较大，如果不进行控制，可能我们就会落后于他人了。”

如果你是需要做出决策的董事会，可能听了半天也不知道对方到底要表达什么，需要你提供怎样的帮助。

其实，这位管理者完全可以借助金字塔模型进行表达。金字塔表达模型源于著名的管理咨询公司麦肯锡，该方法是一种突出重点、层次分明又可凸显逻辑的思考与沟通方式。拿上面的例子来说，若他使用金字塔模型进行表达，便可以归纳为以下内容：

我认为当务之急是提价 20%，超过竞争品牌。原因有三：

①眼下原材料的价格皆上涨了 30%，物流成本也在上涨；

②竞争品牌全部调价 10%～20%，我们理应跟进；

③广告费已超标，我们需要为广告费拉出空间。

您感觉这一建议是否可行？

在这种表达方式之下，做决策的人便可以很快找出重点在哪里、到底需要做出什么样的决策。

从上述表达我们可以看出，金字塔模型其实建立在一个中心思想的基础上，而下述则由多个论据或素材所支持、组成，这些论据之下也同样可被下层论据所支持。通过这一模型进行表达与思考，可以使听众更容易理解你想要表达的信息，同时也可以让自己的思维更清晰。

在运用金字塔模型时，你首先需要了解它的基本特点。就如同金字塔一样，金字塔模型的顶端应有一个明确的结论。

①结论先行：在表达时，你应只选择一个中心思想，并且将它放在开头，用以囊括你所有接下来想说的各级、各组思想。

②以上统下：在你所说的内容中，任何一个层次上的思想都必须是其下一层思想的概括。这就意味着，你的中心思想可以分解成几个分论点，每个分论点可以分解成多个论据，而你所举出的论据必须与分论点相呼

应，且分论点需要解释、支持中心思想的存在。

立足于这两大特点，你便可开始搭建自己的金字塔结构。一般来说，自上而下地搭建金字塔结构比较容易一些，因为你在开始时思考的是你最容易确定的事情，即你要表达的主题，以及你的听众对该主题的了解情况。

自上而下地表达需要你首先说出自己思考得来的中心思想，然后再举出支持这一结论的几大分论点，之后再说论据，如下图所示。

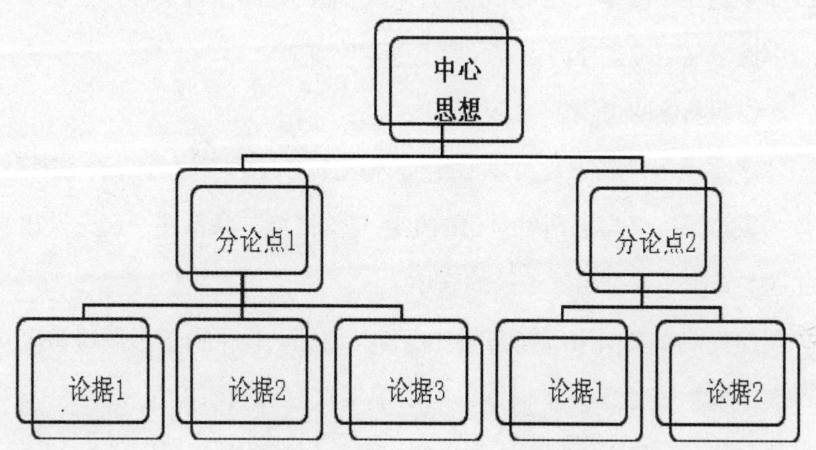

如果你现在还没有明确的、可证明中心思想的论点，你应先把头脑里的正确观点一一整理出来。为了做好这一点，你可以遵循下述流程。

①画出属于自己的主题方框。

这一方框就是你想要表达的主要内容的金字塔顶端。在方框中，写出你要讨论的主题。

如果你现在还不清楚自己要表达或讨论的是什么，你便应跳到步骤 2。

②确定主要问题。

正如我们所强调过的，你的每一次表达都需要考虑你的听众是谁——

在搭建金字塔模型时，你应确定自己的表达对象是谁，他是你的顶头上司，还是你的直线下属，抑或是一位需要知道项目内情的重要客户？

在确定了你的听众以后，你还要考虑：你希望自己所说的可以解答对方头脑中有关该主题的什么问题？

若你能够依据这些提示确定主要问题，请将它先写下来；否则，先跳到步骤 4。

③写出自己对该问题的回答。

如果你还不清楚自己要如何回答它，那便先列出框架，并在接下来的思考中慢慢地明确具体的内容。

④说明具体的情境。

你需要证明，眼下你可以做出有关该主要问题与回答的最清晰表述。具体的做法是：将自己即将讨论的主题与“情境”联系在一起，做出有关该主题的首个、不会引发争议的表述。

就如我们在案例中所提及的“提价”问题一样：由于最高决策者知道这一表述的重要性，或者根据以往的事实很容易判断出该表述是否正确，所以他们才会有耐心倾听你所列出的“提价”的原因。

⑤指出具体的冲突。

现在，你已经进入了与听众展开“疑问→回答”式的对话。

想象一下：你的听众正坐在你的面前表示同意，并点头说：“对，这个情况我是知道的，有什么问题吗？”此时，你就需要考虑，“情境”中发生了什么可以引发对方疑问的冲突？比如，发生了某种意外（竞争者突然提价），或者出现了某个问题（合作的物流公司开始涨价），或者出现了某种明显逻辑不一致的变化。

⑥检查主要的问题与回答。

因为竞争者突然提价，所以我们需要涨价；因为物流公司与主要生产原材料涨价，所以我们需要涨价……这些都是有关冲突的表述，它们都能导致“提价”问题的提出。

这就意味着，情境之中有关冲突的表述应该可以直接导致主要问题的提出；否则，你便需要改变对它的表述。若你给出的表述是“公司员工大量流失”，很显然，它虽然也会影响到公司的运营，但与当下的“提价”主题不相关，所以在此处无法直接运用。

按照这一步骤，我们可以归纳出下述操作图。

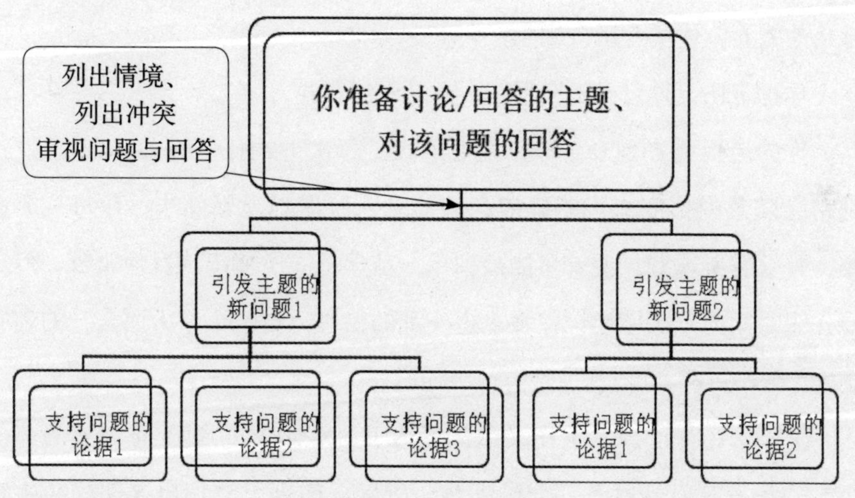

进行上述步骤的目的都是为了确保你知道自己将要回答什么样的问题：一旦主要问题被确定下来，其他因素在金字塔模型中便很容易对应着一一找出。

2. 通过“架构训练”整理思绪

在我看来，管理者最重要的能力就是架构能力。架构能力是一种能够将事件通过结构化的形式呈现、整理出来的能力。它所展示的是个人思维的条理化与逻辑化，这种“心中不仅有砖瓦，更有高楼”的能力将会带领你展示出对事物的强大掌控力：在信息爆炸、新概念层出不穷的现代社会里，一不留神你就可能被淘汰，但是，如果能够掌握迅速思考事物本质与脉络的能力，你便有机会领先一大步。

你肯定还记得自己是职场新人的那时那景。

你的老板或许是一个非常随意的人，每次下达任务时总是口头进行，常常会随意说出一大堆零碎散乱的要求，而你必须想办法记住每一个命令，一旦有所遗漏，便有可能被训斥。虽然每一次你都认真地倾听，但想要在短时间内一次性地记住那么多凌乱的信息，对一个新人而言，的确有难度。

这一天，你的顶头上司又向你下达了一堆命令：“前天你给我的那份报告，我没有看到财务部分的细节，所以，你今天整理出这部分的内容给我。”

他敲了几下键盘，又喝了一口咖啡，然后抬头看着你，说：“下周一我要去一趟加拿大，你帮我订一张这周六出发的机票。”

“下午管理层要针对下个月的新产品上市开展讨论会，你 1 小时后将新产品推介过程中的要点与竞品信息整理好发给我。”

“还有，你一会儿去一趟人力资源部，问一下我们的新员工到位情况。”

“对了，办公室的打印机好像出了问题，你一会儿告诉后勤，让他们派人来看看。”

面对如此多的任务，当时的你或许快要崩溃了——你肯定会在心里一遍遍重复和默念着这些乱七八糟的任务，防止一不小心就忘记了。想要一下子记住全部信息，难度的确太大了。

相比于当时的场景，再返回现在的管理工作之中：在信息爆炸的今日，管理者接触的信息更多，你也需要想方设法地记住那些对个人发展、组织进步有益的内容，并将它们通过恰当的方式表达出来。但问题在于，我们的接受能力非常有限。

面对杂乱的信息，我们的记忆力存在缺陷

哈佛大学心理学家乔治·米勒曾提出一个有关短期记忆的 7 块信息区的理论。按照米勒的看法，一个正常人如果不是重复或者强行记忆，那么只有大约 7 条信息能够在大脑中短暂地保存一段时间，比如，扫了一眼的名单上的 7 个重要人物、最喜欢的 7 道菜肴的名字、最喜欢的 7 处风景名胜。他们在购买某一类商品时往往只能够记得 7 种品牌，听讲的人只能记住演讲报告中的 7 个关键词，旅行推销员所能记住的往往也只有 7 家出租车公司。

这一数字并不绝对，因为它在“7±2”的范畴之内变化：有些人能一次性记住 9 条信息，有些人则最多只能记住 5 条。

架构思维能实现信息间的快速传递

在“7±2”法则背后反映的是大脑的运作与存储机制：我们只对经过

整理后的信息保持着充足的敏感度。

关于这个问题，我们可以看一组数字：

1、9、2、4、6、0、5、8、2、0、4、3、7、1、5、3、6、7。

你能在 2 ～ 3 秒内将这些数字记下来、说出来吗？

对大多数人来说，这是无法完成的任务。

可是，当我们将这些数字重新编排后，情况便会截然不同。

0、1、2、3、4、5、6、7、8、9。

0、1、2、3、4、5、6、7。

上述两组数字其实与之前的数字完全一样，只是在顺序结构上进行了重新编排，便极大地提升了它被记住的概率。

如果足够细心，我们可以从中窥探出大脑的两个特殊机制。

第一，人类的大脑没有办法在短时间内一次性记住太多的信息，信息越多，大脑的负荷量越大，也就越不容易记住。这和米勒先生的结论是一致的。

第二，大脑往往喜欢那些有规律的信息，同时也更容易记住那些有规律的信息，只要发现了信息间的规律，那么，记忆它们将不再困难。

依据大脑的这两大特质，我们再回过头看看案例中的新人要如何处理上司的多样化任务：如果他可以在处理上述混乱的信息时将不同的信息整合，并进行一个简单的分类。

文件：报告财务部分、新产品信息介绍、竞品详情。

商品：机票。

人：人力资源部、后勤部维修人员。

现在，按照上述分类，我们便能够对信息进行更直观的处理，同时也能够减少记忆的负担，因为我们现在需要记忆的只是 3 组概念，而非 5 个完全独立的概念。经过分类，这些信息记忆起来更加方便与简单。

分类的产生与运作是结构化的基础

这些分类的产生与大脑的特点、逻辑化的运作密切相关。

世界上任何事物都是相互联系的，没有任何一种事物是完全独立存在的，它或多或少地和身边其他的事物发生联系，它也一定和其他事物之间存在某些共同的特点——这种联系几乎可以说无处不在。

而我们的大脑会发现和分析不同事物之间的联系，简单来说，就是将一些具有某种“共性”的事物组织在一起，这种自动分析与归类功能在生活中频繁可见：我们看到金银铜铁等不同形状、不同颜色的物体时，一定会想到它们都是金属，而金属正是它们的共性；我们见到米饭、蛋糕、牛羊肉、包子等不同类型的东西时，一定会想到它们都是食物，在这里食物就是它们的共性。

寻找共性实际上就是寻找一种逻辑关系，通过对不同事物之间的逻辑关系进行梳理，我们就可以更好地进行归类。不过，在某些时候，事物之间的联系并不那么明显，或者事物之间的逻辑关系并不那么突出，在这种情况下，我们就需要主动进行思考与分析，挖掘出其内在的逻辑性。

在上面举出的例子中，在对老板下达的不同任务进行归类时，我们便采用了这样的方式，积极挖掘各个任务之间的关系，并利用这种关系分门别类，创造出一个个小结构。

一旦我们将这种逻辑关系延展开来，就会发现整个世界就是由这样一个个小金字塔结构组成的，或者说世界就是建立在这些逻辑关系基础上的。

在信息数量不断膨胀的今日，管理者最需要做的就是依据大脑的运作特点，将接收到的所有信息碎片通过分类形成不同的小结构，并将这些小结构放在一个特定的思维框架中进行分析。这样做实际上是在实现个人思维上的有序化，而这种有序化不仅能够使你的表达变得主题明确、思路清晰，同时更能减轻听众的大脑负担，进而获得积极的表达效果。

3. 按时间结构组织表达内容

结构化、体系化思维的关键在于找到事物之间存在的某种逻辑关系，可以说，这种逻辑关系是结构本身达到最佳配置的关键所在。在所有的逻辑关系中，时间顺序是最容易理解的、在同一层面上思维的运作模式。

在一家公司里，总经理想要开发一个新市场，如果按照时间顺序排序，那么其具体步骤如下：

第一步，做好市场调查，了解顾客的需求。

第二步，制定与本组织资源能力相匹配的行销战略。

第三步，实施与执行已订的战略计划。

第四步，根据计划投放、实践情况了解市场的反馈情况。

第五步，调整战略以确保迎合市场的反应与需求。

如果说开发新市场是一个期望达成的最终结果，那么，这些步骤其实就是作为流程出现的，即实现这个结果的原因。这些原因形成了一个具体的流程，并且指向了最终期望达成的结果。

可以看出，时间顺序在结构化的运作中体现出了细致的因果关系：运用它的人需要了解，到底是什么原因导致结果发生的，并确定产生某个结果的步骤与过程。在这一过程中，时间顺序演变成了一个流程，它通过对某一流程的设想而得出了思想观点。这就如同我们想做某件事情，可以选择不同的理由、采取不同的行动，而这些行动就构成了一个过程、流程或者系统，完成这个过程或者系统的行动并非混乱的，而是必须按照特定的时间顺序展开的。

如果你想在自己的思维与表达过程中运用好时间结构，那么，你就必须明确以下内容。

因果关系是按时间结构化组织的基础

在所有的时间顺序化表达结构中都可以看到两个基本的内容：

①一个结果是由不同的原因造成的。

②我们总是按照某种固定的流程完成某一个目标。

所以你必须在自己的表达中突出因果关系，然后按照时间顺序考虑如何安排它们的具体表述。

笔者曾为国内某汽车公司担任业务咨询，该公司遇到了一系列的麻烦，尤其是在销售方面。当时，公司销售部经理向我提及了这些困境，并直言，他们准备向公司董事会递交一份改进计划，让他们看到销售部门的信心。

在这份计划中，他们提升销售额的方法包括以下内容：

① 与客户进行交流，了解他们的实际需求。

② 把握市场销售的规律与需求。

③ 进行市场调查，了解不同市场的具体销售情况。

④ 调整方向，制订新的产品研发计划。

⑤ 抓好生产，提升生产效率。

⑥ 调整销售部门的人员配置。

⑦ 制订新的销售计划。

⑧ 提升销售效率。

⑨ 做好售后服务工作。

⑩ 及时收集和整理反馈的信息。

可以说，该公司提出的10条内容基本涵盖了可以提升销售额度的所有方法，但对于我这个听者而言，却并未记住对方的这些阐述——将这样的计划呈现给公司最高管理层显然并不明智。

所以，我建议他，先在逻辑上形成顺序，然后再按时间顺序表达。

按照一般的逻辑顺序，该方案可以分成四项内容。

◆ 把握市场销售规律与需求。

在此分类的基础下，可以有：

① 与客户进行交流，了解他们的实际需求。

② 把握市场销售的规律与需求。

◆ 对销售部门进行改革。

在该分类下，包括：

① 进行市场调查，了解不同市场的具体销售情况。

② 制订新的销售计划。

③ 调整销售部门的人员配置。

④ 提升销售效率。

◆ 通过其他部门的配合，更好地促进销售部门工作。

其中又可分为售后部门的工作配合：

① 做好售后服务。

② 及时收集与整理反馈信息。

生产部门的工作配合：

① 调整方向，制订新的产品研发计划。

② 抓好生产，提升生产效率。

按照这一方向，便能绘制出一幅简单的金字塔结构图，如下图所示。

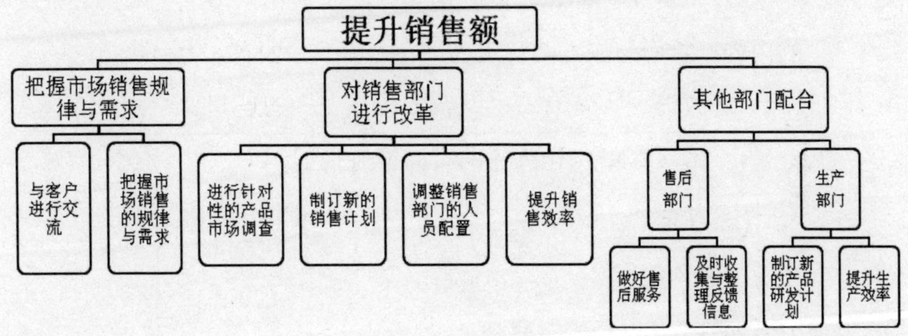

按照这一表达方式，我们便可以明确地得知提升效率的方法与步骤：把握市场销售规律与需求、对销售部门进行改革、与其他部门间形成良好的配合。按照这一流程，每个步骤都是按照特定顺序展开的，将这样的思考结果呈现给最高管理层，他们也将更好地理解你的改革决心与具体的实施步骤。

在表达时使用带有时间顺序的关键词

在逻辑结构中，表达者往往本身就具有极强的逻辑性。设计出基本的流程后，在陈述过程中使用一些表示顺序的词语，往往可以帮助听众掌握你所表达的要点，或者帮助他们更好地理解事情发展的前后顺序。

比如下面这段文字。

在销售过程中存在三个重要的环节：

第一，找到正确的目标顾客。

第二，学会报价的艺术。

第三，展开针对性的推销。

当你听到这段话时，很容易便能够把握其中的关键点，因为陈述者使用了“第一”“第二”“第三”等带有明确逻辑顺序的时间性表述，而且从这些要点的次序上来说，你也可以看出重要性：通常“第一”的内容会比“第三”的内容更重要。如下图所示。

结构化陈述的时间性逻辑词

第一……第二……第三
先……再……然后……最后……
首先……然后……最后……
过去……现在……将来……
从前……现在……未来……
之前……之后……

利用好这些表示时间顺序的词语，可以帮助对方更好地理解你要表达的要点或事情发展的前后顺序。

把握时间上的逻辑顺序，并据此建立起结构化体系，有助于管理者在表达过程中避免出现因果关系的错误，从而确保整个思维流程的合理与正确。当然，要做到这一步，需要你在表述以前先想象一下自己所采取的某个行动将会产生的影响，从而确定该行动与其他行动间产生的时间先后顺序，这样，在实际表述过程中，你便可以在把握目标基础上确定下一步表述或行动的顺序：第一要做什么，第二要做什么，第三要做什么。通过这种时间结构不断地推进步骤与流程，达成最终目标，你的思维模式才算真正完整起来。

4. 空间结构让表达瞬间高、大、上

结构化思维并非只能靠时间顺序完成，从空间结构上找到并建立起逻辑关系也是一种常见的结构化表达方式。

任何一个结构与框架首先都有一定的空间，而金字塔模型本身其实也是一种利用逻辑关系建立三角架构式空间的方法。这反映出一个事实：结构顺序实际上是一种空间顺序。通常情况下，这种结构顺序与地理位置、空间格局相关，而且这种结构顺序往往在我们观看某些图片、示意图时出现：它能够帮助我们按照特定的顺序想象某个事物所在的空间，而这一事物往往会被划分成不同的组进行分析。

最简单的例子就是地理位置：如果将美国市场的开发看成一个整体，那么，这个整体便可以具体切割成三个部分——“东部开发、中部开发、西部开发”，或者更具体地切割成“弗吉尼亚州、新墨西哥州、加利福尼亚州、密苏里州、阿肯色州”等 50 个部分，然后再根据组织的具体业务选择进入的方式。

这是一个非常典型的结构顺序，毕竟，对于空间结构而言，最明显的标志就是涉及地理或地域的划分。

不过，并非所有的空间结构都能像地理位置一样被简单创建出结构，在面对更复杂的事物时，我们应如何实现逻辑上的分组？这就需要你从明确分组的原则开始。

依据 MECE 原则展开分组

在将某个整体划分成不同的部分时，你必须保证划分以后的各个部分与下述要求相符合：

① 相互独立：它的各个部分之间是相互独立、没有重叠的，各因素之间相互存在着明显的排他性。

② 完全穷尽：所有的部分都必须穷尽，没有遗漏。

这被称为“分组的 MECE 原则”。随后我们还会对该原则进行详细的阐释，但在建立空间结构时，这个原则是必须被保证实践的。

在绘制组织结构图时，你往往会不自然地使用分组的 MECE 原则，因为组织本身就是按照不同部门与组织结构构成的。比如，很多人都想知道腾讯公司为什么会走向成功。要想解决这一问题，最简单的方式就是对腾讯公司展开切割。

按部门的内部空间构成建立结构

我们知道腾讯公司拥有人事部、研发部、策划部、市场部、会计部、客服部等多个部门。从 MECE 原则来看，这一分类之间相互独立、完全穷尽，相互之间形成了独立的部分。接下来，我们只需思考每个部门具备的特色与要素即可，这些成功要素之间的逻辑关系便形成了腾讯公司内部的结构顺序。如下图所示。

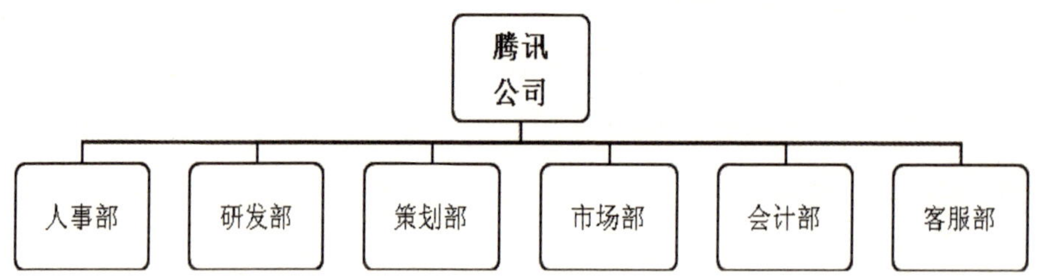

此时，问题变得简单起来，我们可以重新总结：因为研发部技术超前、策划部创意十足、人事部注重人才的合理安排、市场部重视客户体验与需求、会计部拥有出色的会计师，而客服部提供了优质的服务，这些不同部门间相互独立、相互排斥的优势综合起来，决定了腾讯公司的成功是一种必然。

对组织活动展开空间结构的方法

通常情况下，对组织活动的空间结构化往往更困难，因为它本身不具备地理或区域、结构上的划分元素。在这种情况下，我们需要借鉴活动本身、活动开展的地点与特点建立结构。

◆ 按活动本身建立结构。

比如，研发、生产、市场营销这一分法，它所强调的是活动本身，因此，各个部分展示出的是一个完整的逻辑流程。

正如腾讯公司的例子：按部门分解时，我们看中的是各个部门在内部空间中的存在，而不是看重整个公司的活动流程。如果我们在讨论该公司的成功时提到的是方案策划、研发生产、市场销售、售后服务等活动，那么，便可以按照时间顺序建立结构——先单纯地分解为各个部门，然后独立对各个部门进行分解与分析，这便是一种结构顺序。

◆ 按活动地点建立结构。

比如，中国东部、中国中西部、中国南部，在划分时强调地点，各个部分呈现出来的是地理状态，采用的是结构顺序。

◆ 按活动特点建立结构。

即根据特定的产品、市场或客户活动展开集合，该方法在划分时强调的是与某一产品或市场相关的活动，而这种划分也是一种归类。各部分的思想采用的是重要性原则，而判断重要性的标准则是诸如销量、投资额等排序标准。

对各个部分建立空间结构的方法

在已经建立起逻辑结构的内容中，你往往能够轻易地按照自上而下、自左至右的顺序依次展开描述。不过，在对各个部分进行描述时，空间结构必不可少，最常见的描述结构便是过程顺序。

仅拿我在某旅游手册上看到的一段简洁的描述来说：

刘西河地处渤海以东，南邻济南，往西是省会石家庄，北去则直达北京，土地肥沃，素有“北方小温州”之称。

这句话便运用了顺时针方位：东→南→西→北，这说明原文作者在写作时建立起了自己在看地图时的顺序，因此，在描述该地的方位时也采用了地图中的描述方位。

对文章与思想依据空间结构进行重审

把握逻辑的结构顺序既是一种思考的需要，也是一种表达的需要。一些错误的思考方式会导致表达上不够严谨，所以我们反过来可以使用结构顺序检查我们所表达的内容或者书写的文件是否正确合理、是否存在逻辑错误。

比如，你所在的公司准备进行改革，你的秘书依据你的想法，为这次会议拟订了一份重要的文件。文件内容如下：

① 运用绩效考核制度淘汰一批人、提升一批人。

② 从国外引入一批新的管理人员。

③ 重新评估和分析组织结构，实施流程化管理。

④ 兼并或者撤销过多的管理部门。

⑤ 制定新的工作守则，增强管理的纪律性。

⑥ 调整管理方式，管理不善的干部将会受到处分。

⑦ 对服务制度展开改革，确保每个客户感到满意。

⑧ 管理者实施岗位轮换制，半年轮换一次。

⑨ 制订每一个项目改革的可行性方案。

你一看便知，这样的单纯罗列不仅散乱无序，而且根本无法令人明白你所主张的改革重点在哪里。在使用结构顺序进行审视以后便可以发现，第九条其实是对之前内容的总结，可以直接删除；在依据人事改革、组织调整、制度改革三方面展开结构化后，便可以得出下述结构图。

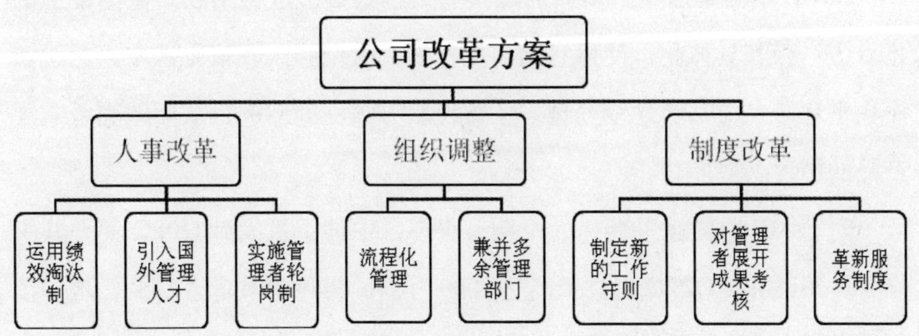

这样整理之后，改革方案的条理性、逻辑性、可行性不仅大大增强，而且还展示出了一位管理者应有的风范：它真正地实现了立足于公司的实际高瞻远瞩地谈改革，同时又未遗漏那些影响公司发展的关键细节。

值得注意的是，你必须重视在空间结构的建立中 MECE 原则的重要性，一旦违反了它的两个原则，或者不符合两个原则，那么，整个逻辑结构便会出现严重的问题，这会使我们对问题的思考、描述与分析出现重复与遗漏，并有可能导致最终结果离题万里。

5．FABE 结构是推介与说服的利器

如果你想将自己手头的一件产品、一个方案推介给重要的客户，那么你会选择哪种方式？假如你要推介的内容具体化到一件家具、一部手机、一个具体化的方案，那么你的结构化说服方案要怎样展开？

在我看来，FABE 结构是最有效的。

FABE 结构是近年来新兴的典型利益推销法，这种站在一定高度上的推介方法极其具体化，使得它的可操作性大大增强。在该方法中，通过四个关键环节，极其巧妙地处理好了被说服方关注的问题，从而顺利地实现产品的销售。

对 FABE 结构运用娴熟的机构有很多，中国手机品牌 OPPO 便是其中之一。2016 年，OPPO 出货量高达 8000 万部，其利润率高达 15%，这一接近手机巨头三星的盈利数额使 OPPO 成为中国智能手机市场上的最大赢家。

OPPO 为什么能赢？除本身组织结构的出色以外，他们对一线销售人员的培训与引导也极其重要。OPPO 立足于 FABE 法则，使每一个销售现场的人员都可以将产品讲透，并能够真正地实现依据数据说话。

F——特征（Features）：你需要自己的手机有什么样的特质，而这款手机是如何满足你的这种需要的。在这一步中，销售人员会说服顾客为了满足自己的需要，应该选购 OPPO 的产品。

A——优势（Advantages）：即对应展开竞品分析，其目的是为了解答“为什么非要买 OPPO”的疑问，销售人员给出的应对则是：“在同类型产

品中，你所需要的功能我们做得比别人好。”

B——利益（Benefits）：即告诉顾客，购买 OPPO 可以得到什么样的利益与好处，这也是站在顾客的角度，将产品核心与差异化卖点直接体现出来，其目的是为了从顾客角度出发，说服对方真正对产品动心。

E——证据（Evidence）：即在说服过程中，销售人员所呈现出来的所有作为“证据”的材料都要具有权威性与客观性，以使顾客可以更放心地购买。

OPPO 立足于此，提出了更具体的销售要求：根据顾客的需求，至少要给顾客 3 个独特的体验。他们总结出了“1335+1”的销售模式：1 句最吸引顾客的话，3 个独特功能，3 种体验方法，5 个技术参数，从而达成 1 个催单成交。

所有这些过程全部立足于 FABE 法则，成为标准化运作的一部分，这使得销售人员带给顾客的门店体验达到了极致，从而大大提升了产品的推介成功率。如图所示。

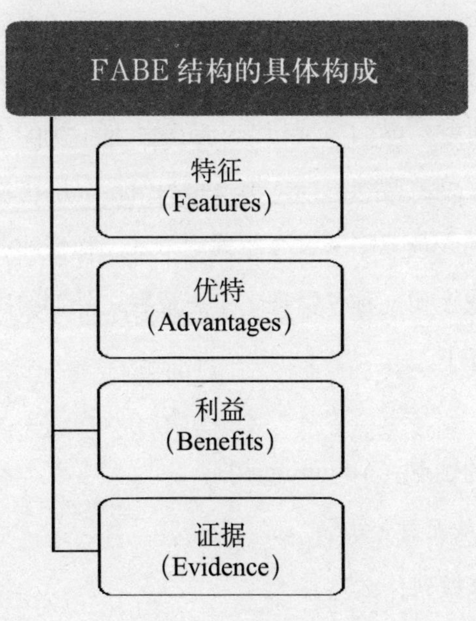

可以说，FABE 其实是非常厉害的结构化说服：它环环相扣，不断地推进，以达到推介、说服的目的。

从 OPPO 的例子中，我们可以将 FABE 结构的四大组成具体分解开来。

推介品的属性（Features）

典型句式："因为……"

回答了"它是什么"。

属性即你需要推介产品的特质、特性等最基本的功能，以及它是怎样用来满足对方的各种需要的。

在该属性中，你需要找出该推介品区别于竞争对手的地方，同时这些地方还要凸显出产品所包含的客观现实。客观现实的属性很容易理解，比如，桌子是实木做的，此处，实木便是产品所包含的某项客观现实的属性。这种客观现实对于接受方而言非常重要：他们所关注的往往就是产品的这种客观现实。

每一项产品都有其功能，否则便失去了存在的意义，这一点毋庸置疑。对于你所要推介产品的常规功能，你肯定有一定的了解，但要让你的推介真正地实现，你就必须更深入地发掘自身产品的潜质，努力地寻找竞争对手与其他推销人员忽略、没有想到的特性。当你能够将一个客观现实的功能带给客户或上司一种"情理之中、意料之外"的感觉时，下一步的工作便很容易展开了。

由 F 所产生的优点（Advantages）

典型句式："从而有……"

回答了"它能做到什么"。

优点即F所列的属性到底发挥了什么样的功能？它要向对方证明真正购买或者接受方案的理由：同类内容相比较时，你的比较优势在哪里。

这一优点能带给顾客的利益（Benefits）

典型句式："对您而言……"

回答了"它能为对方带来什么好处"。

利益即A产品或方案的优势带给对方的好处。一般来说，我们往往会在推介的过程中将好处一一列出，比如，桌子是实木的，因此，它不仅经久耐用，而且在审美上经得起时间的考验。不过，在利用FABE结构进行表述时，这一方案便不再适合。

在表达的过程中，我们必须重视对方的关注点，而在所有值得关注的内容中，利益无疑是影响双方接受度最大的因素。这也正是在FABE结构中你必须重视利益的关键：只有你将推介的重点放在如何达到"以对方的利益为中心"，并不断地强调对方能够得到的利益时，对方才会有更大的动力接受你的观点、尝试你的方案、购买你的产品。

立足于此，有关"实木桌子"的推介便会变成这样："您所在的公司对审美要求极高，而实用性又是极重要的方面，因此我们才会将该产品推荐给您。"这样的结构在说服时显得更合理：对方会感觉你的产品满足了他的定向化需求。

E代表证据（Evidence）

典型句式："你看……"

回答了"怎么证明你所讲的一切"。

证据可利用的范围很广，它不仅包括顾客来信、报刊文章、照片、示范等内容，也可以是专家意见、技术报告等专业性内容。值得注意的是，你所举出的证据越具有客观性、权威性与可见证性，它在对方眼中便越可靠。

可以看到，如果你能够在具体的文案写作、面对面表达中运用好FABE结构，那么，你说服与推介成功的概率也会大大增加。

6．重要性结构展示轻重缓急上的一目了然

重要性是指人们按照事情的轻重缓急安排好自己的工作。比如，在日常生活中，很多人都有制作日常工作计划表的习惯，而在制作计划表的时候，通常会对一天所要做的事情进行一个基本的分类，并且会刻意厘清先后的顺序。

事实上，我们常常会说“今天很忙”，然后将一天的工作全部列举出来。

① 帮父母预订一张去北京旅游的火车票。

② 向老板提交报告。

③ 向同事打听下个月周杰伦来本地举办演唱会的消息。

④ 整理上个月的文件，并进行文件归档。

⑤ 不要忘了买一只新的台灯回家。

在处理这些事务时，我们是需要进行梳理和排列，还是随随便便抓起一件事去做，然后逐一完成？事情显然不那么简单。我们必须意识到这些

事情并非都很重要，或者说它们的重要程度不一样，因此在执行的过程中完全可以按照轻重缓急的顺序进行安排。

由于是工作期间，因此我们应该以工作为主。在此原则之上，排序便一目了然：

工作（提交报告、整理文档）排在第一位。

家庭任务（购买火车票和台灯）排在第二位。

个人娱乐（演唱会信息）排在末尾。

针对上述排序，我们还能够进一步划分：在工作中，老板交代的事情是最重要的，因此，上班以后需要做好的第一件事便是提交工作报告；做完老板交代的事情以后，我们接下来整理文档，因为这是自己的分内工作；接着，我们可以预订车票、购买台灯，有空的话可以向同事打听演唱会的相关情况——对于一位管理者来说，这样的安排在确保自己的工作不受影响的同时有效地兼顾了生活与娱乐。

在结构化的过程中，重要程度也是建立结构体系不可忽视的一种顺序结构。在考虑是否使用此类结构时，你应先分清事情的轻重缓急。

了解时间管理四象限在结构化中的作用

任何事情都有轻重缓急之分，那些重要的事情关系重大，它们所产生的直接影响也更大，因此应被优先解决；至于那些次要的工作，则可以适当地延后。

这种理论源自美国效率管理学家史蒂芬·柯维的“四象限”法则。在该法则中，工作被按照“重要”与“紧急”两个维度进行了详细的划分，分为下图中的四项内容。

在该法则中，重要工作被排在前面，而不那么重要的工作则被安排到后面解决。“四象限”法则其实就是一个在建立结构化的过程中可以被广泛运用的结构法则，它所提倡的就是将那些重要的事情放在第一位，然后才是其他的事情。

重要性结构建立在往日经验之上

在不同的场合中，我们可以按照不同的逻辑顺序展开思考，以确保自己办事的效率。这种顺序在工作与生活中极为常见，而在金字塔结构的范畴内，重要性程度则是指我们将某一组具有共性的事物聚集在一起所采用的阐述、表达顺序。

在被运用于事物的描述时，我们要首先针对某个具体的事物进行思考，然后将其划分为不同类型的思想组，接着在每一个思想组中明确所有问题的共性，并依靠自己的知识、经验与直觉判断到底哪些事情应该先做、哪些问题应该有限地展开思考，从而对每一个思想组中的想法、事件展开重要性程度的排序。

相比较而言，时间结构看重步骤和流程，它是一种流程内的划分；空间结构往往和地点、部门相关，它是一种空间上的顺序；重要性结构则是一个比较好理解的逻辑，我们只需在思考过程中参考自己往日的经验，对事情的重要、次要缘由做出判断即可。

依据重要性建立起恰当的分组

在为事项分组时，你可能会说："该事项当前存在 3 个问题。"这时，你的大脑自动将这 3 个问题与该事项中可能存在的其他问题分隔开，形成下图所示的分支结构。

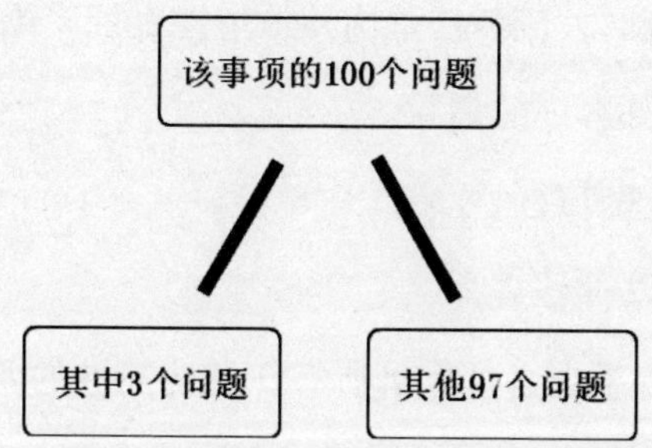

从名称上看，这两个组完全穷尽；按照分组的意图，它们也应当相互排斥。

为了证明这两个组具有相互排斥性，你必须明确指出每组中的所有问题具有的共同特性，然后根据你的知识，确保将所有具有该特性的问题列入该组。接着，在每组中，根据各个问题具有该特性的程度高低排序——最具有该特性的问题排在第一位，即先强后弱，先重要后次要。

立足于场景选择具体的表述排序

值得注意的是，这样的排序并非固定的：在确定了各个要点的相对重要性以后，你并非一定要将最重要的列在第一位——如果你追求的是更戏剧化的效果，那么，你可以将最不重要的放在第一位，然后在表达中依次增加重要性，最后再将最重要的思想表达出来。

不过，这样的戏剧性是出于调动情绪的考虑，而非出于逻辑性的考虑，因此，这是一个个人风格的选择。比如，在演讲中，很多演讲者就习惯于这种“先次要、再重要”的排序方法，以使演讲内容可以对情绪产生更大的冲击力。

在多数情况下，你应该将最重要的思想放在第一位。举个例子，假设你列出以下要点：

在设计计费系统时，应当注意让其适用性更加广泛。

① 可以满足外部客户的需求。

② 可以符合内部管理的要求。

③ 不违背国家法律法规。

虽然公司的计费系统必须满足所有 3 种功能性的要求，但是以上顺序表明，满足客户的需求比符合国家法律法规更重要，而我们之所以做出这种评价，是因为基于以下分组：

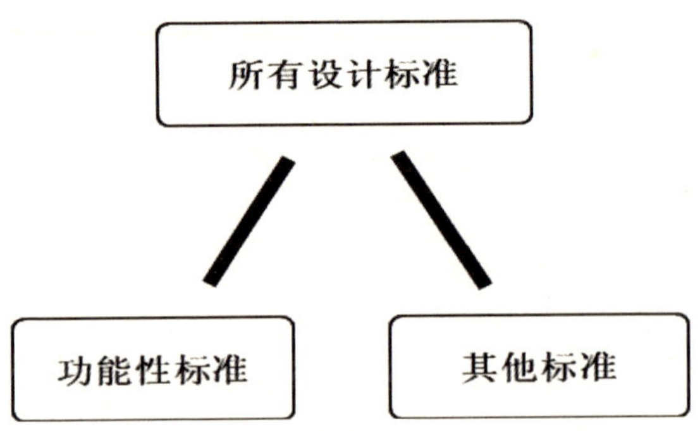

明确重要性排列的具体次序

一般来说，按重要性程度进行排列时，我们需要考虑它的分类。这种重要性包括宏观的和微观的、主要的和次要的、外部的和内部的、上行的和下行的。在进行表述布局时，我们应将涉及国家层面的、宏观的、主要的、外部的、上行的放在前面，将涉及行业层面的、企业层面的、个人的、次要的、内部的和下行的放在后面，按程度主次和重要性之分进行排列。这样得出的表述顺序结果可以令人一看便产生条理清晰、观点明确的感觉。

依据重要性进行结构化的好处在于，你可以在实现结构化表达的基础上，将自己想要表达的重点在第一时间就呈现出来，也可以利用它产生更强大的情绪冲击力——具体选择哪一种方式则需要取决于你的具体表述对象是谁、具体表述场景是何处。

7．让系统化思考促进全面表达

系统性思维是这样一种思维方式：它可以将一定范围内的问题放置于某种思维情境之下，并通过多种逻辑推导工具，综合情境中的各项关联性因素进行分析以后，获得解决问题的最佳方法或最优手段的思维能力。

从定义来看，系统性思维其实是一种从整体化入手的思考方法：在将问题视为一个系统认识的同时，找出影响它的点、线、面与层次等四项内容，同时将每一个具体的系统都放入更大的系统中考察。

比如，如果你想向董事会呈现一份解决团队内部分工不均衡问题的报告书，就要将“内部分工”作为一个由若干要素构成的系统考察。这就意味着，你不仅要考察“点”上的具体人员，同时还要考察“线”上的项目人员分配、“面”上的整体人员职业技能素质，同时更要兼顾从项目的难度来看高、中、低“不同层次”的人员分配等。

这就意味着，你必须站在“高效的团队协作”的整体角度考察、解决“内部分工”不均衡这一子系统的问题，只有这样，你才能真正地实现更高效的内部分工。

可以看出，系统化思维的逻辑进程是这样的：在对整体情况充分理解与把握的基础之上提出整体的目标，然后提出满足与实现这一整体目标的条件，再提出可以创造这些条件的、各类可供选择的方案，最终选择最优方案并实现它们。

在这个过程中，整体性成为解决问题的出发点与归宿，而对系统内影响问题的各个要素展开分析则是解决问题的中间环节，最终再回到系统化、综合性解决问题的出发点。

“不谋全局者，不足谋一域。”管理者不是单一的执行者，而是团队或组织的引导者，这就需要你在考虑问题时必须从全局出发，展开整体性的思考，才有机会把握主要矛盾、解决主要问题。

如何在现实生活中培养、运用系统化思维能力？这就需要我们从了解系统化的具体呈现方法开始做起。

利用“7S 理论”更明确认知系统化

管理理论中有很多系统思考的理论框架，其中被运用得最多的便是一个“7S 理论”，该理论不仅更好地展示了系统化思维的过程，同时也指出了管理者在发展过程中需要全面关注与考量的内容，如下图所示。

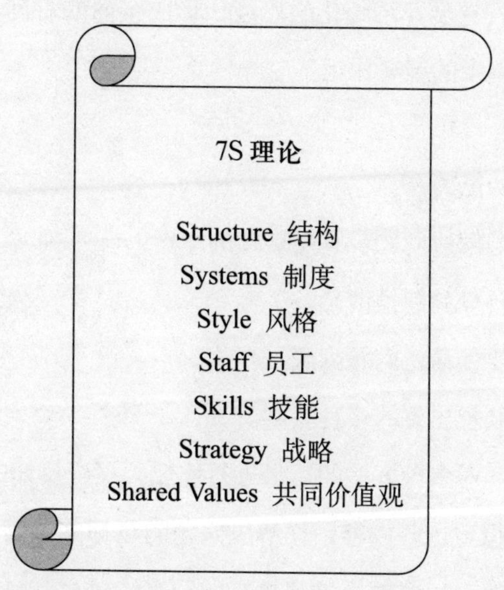

在将上述因素系统化地呈现为图形状后可以看到：

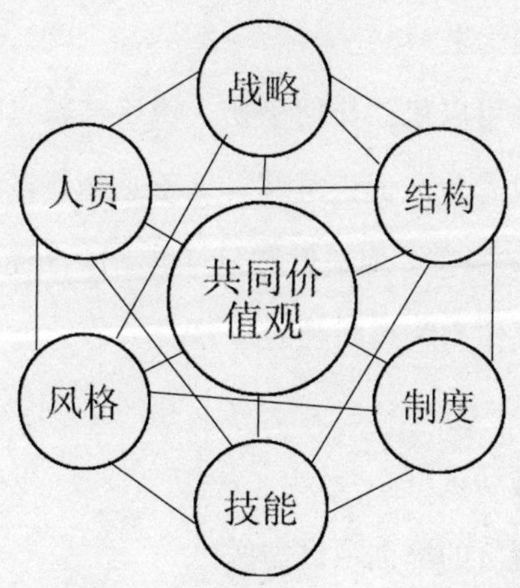

在 7S 内容中，每一项内容都不是独立存在的，而是与其他内容相互影响、相互作用的。

7S 理论的存在指出了一个事实：在管理过程中，只有明确的战略与深思熟虑的行动计划远远不够，因为企业还有可能在战略执行的过程中产生失误。管理者只有展开系统化的思维，形成全面的看问题与做事方法，才能实现管理过程中的引导作用。

重视界定的能力

一个正确的解决问题步骤是这样的：

首先，你要将问题摸清楚。

其次，你要弄清楚问题到底是什么。

再次，你要想出你的多种方案。

最后，你要对多种方案的后果进行比较，展开反馈的调控。

只有你先想到这些内容，你解决问题的目标才能够达成，而在此过程中，界定你所面对的问题是极其重要的一点：过程受目标所控制，确定问题，就相当于给自己找到了一个射击的“靶”；搞清楚了目标在哪里，你在下一次才知道去往哪里。

理论上，系统化可以包括任何事物，但这样做可能只会增加思考的负担，对解决问题并没有什么促进意义。这就意味着，你在展开现实中的系统化思考时，必须把握住“相关性”这一原则，并将所有“有用的事物”都包括进来，并以此作为解决问题的边界。

考量自我角度与动机

仅以“时间管理”的培训项目为例。

如果你是生产部主管，你开展该项目的培训，是希望下属可以按时按点完成工作任务，还是抱有其他的目的?

如果你是产品设计部主管，你是希望组织在时间管理上可以更自由、灵活一些，以保证设计部成员在工作时拥有更多灵感乍现的时间段，还是什么？

如果你是销售部主管，你是希望在时间管理上更配合销售目标，还是希望通过时间管理督促员工完成销售任务？

……

当你将自己放在系统之中时，你就会发现自我管理角色的动机与角度；而只有立足于这一角色，你展开的系统化思考才会有意义。

从真正有意义的地方开始

就系统循环而言，每一项事物都与其他事物相联系，因此，从原则上来说，不管你从哪一个环节开始都没有任何的影响。不过，如果你遵循因果链来追根究底，那么你或早或迟会窥见系统的全貌，这就意味着“因果关系”是一个极其重要的系统化开端。

在你还未展开某一问题的系统化时，下面这三个问题可以帮助你决定从哪里开始思考才是最好的。

① 在该系统中，关键的外部驱动力是什么？

② 系统的关键成果是什么？

③ 在与我们希望解决的问题相关的因素里，哪些因素才是主要的？

前两个问题可以帮助你确定一件事情的输入与输出，而第三个问题则可以让你的思考聚集到本组织或团队的“处理能力”或“错误发生频率”等因素上。仅拿“时间管理”的例子来说，其关键的外部驱动力是什么？部门想要通过时间管理产生怎样的效率？而在所有造成部门内时间管理效率低下的因素中，哪些因素才是主要的？

询问它的驱动相关因素

在一项系统化的事件中，所有的元素都通过因果关系联系到一起。比如，如果你想提升自己所在部门的客户针对性服务能力，那么，部门的“处理能力”与“服务质量”之间存在着绝对性的因果关系，而且：

①“处理能力”是“服务质量”的驱动力。

②“服务质量”被“处理能力”所驱动着。

因此，一旦你找到了决定事情的关键性因素，你便可以询问：“它将驱动什么”或者“它的驱动力是什么”。遵循因果链进行回溯，你可以进一步确定你所找到的是否是解决问题的关键性因素。

万万不能陷入混乱之中

由于涉及的因素诸多，你可能会陷入混乱之中。假设你受命集结了各个部门的精英，想要为公司的下一个重要项目设定“让客户群满意”这一目标。现在，你发问的是“是什么驱动了这一因素”，而新团队内的成员可能会立足于他们的角色给出各种不同的因素。

销售部成员可能倾向于挑出宣传、定价策略和促销作为关键因素；新产品开发部成员可能会选择产品质量和创新；生产部成员会倾向于产品质量和技术规范；人力资源部成员会辨识出企业文化和一线销售人员的培训力度；公司战略部成员则坚信同行业其他公司的活动和公司整体竞争优势是其中的关键所在。

的确，这些因素都会影响到“让客户群满意”这一目标，但你在系统化思考时必须意识到，思维模式的“多样性”与它所带来的“过度细节化”是两个截然不同的问题。此时，你应借鉴会计账务的处理：他们总是可以使用一个更高层次的概念（比如“一般管理费”）囊括各种较低层次的细节性概念（如“房租水电费”“差旅费”等）。不过，在到底应该选择什么、排除什么上，你便需要查漏补缺了。有关这一点，我们稍后会谈及。

想要选择所有的因素，只会让你陷入混乱之中：此时，你眼中不再有森林，而是只有一棵大树。所以，不管你的表达或思维是怎样展开的，你都应该记住：它们不应变得混乱，不要让自己陷入细枝末节的纠缠之中。

系统化思考的最大好处就在于，它可以促使人们采用整体性的观点解决问题，从而将所有的相关因素都纳入考虑的范畴。当你在思考表达方式的过程中具体地运用到它时，你将拥有更整体化的阐述；而通过你的整体化阐述，你的管理也将做得更尽责。

第二章
成果导向：结论先行实现低效到高能

以终为始，结论先行式思维最优表现在于，它起到了“锚定效应”，给对方设立了一个参照系：当你在第一时间找出结论，将次要的内容放在后面时，你的工作重点会明确，对方的理解成本会大大下降。这不仅能降低沟通难度，更能让双方将注意力集中在问题上。

1. 依目标表达，让能力落地

管理学家彼得·德鲁克先生曾经提出这样一种论调：管理者，特别是高层管理者，其工作有90%都是沟通，而工作沟通的根本又是目标沟通。的确，对于处于枢纽状态的管理者来说，沟通的意义有时候远大于做实际工作的意义。不过，在沟通过程中，如何实现以结构化思维来架起成果导向？这就需要你从确定自己的目标入手。

某家客户公司，对于一个新起步的项目，不同关系人各有自己的认知，然而，该项目的项目经理坚持使用成熟的方案，而公司发起人对这一成熟方案并不认可。

这种不认可源于各自的目标定位不同：公司高管的项目目标是，通过项目快速地积累用户；项目经理的项目目标是，通过项目快速地赢利。要命的是，两人不管是在前期沟通还是在后期工作中，对彼此的目标都不清楚。

在一个组织内一定存在着不同利益追求、不同性格、不同方法、不同喜好与不同知识结构的人，然而项目正是要让这样一个群体协同并共同完成一项工作。因此，需要通过恰当的沟通使关系人彼此表达，以形成对项目目标的一致看法。

我给这位项目经理的建议是，将自己的目标建立在符合组织利益的认知上，更合理地传达给高层管理者。

而这样的建议有我的认知在其中：每一位项目管理者都是在自我技术性工作岗位上表现突出才被提拔的。因此，在这样的岗位被提拔成为管理者时，他们往往是对自己的专业技能拥有不小的自信与崇拜，但是，将这种对自我能力的崇拜带入管理之中毫无意义，且会严重阻碍沟通：沟通中的矛盾多由关系人对于方法的认知不同而产生，纠结于方法的对与错，其实对整个工作的完成毫无意义——沟通最根本的目的在于明确我们要达成什么样的结果，其次才是采用何种方法达成这些结果。

这种目的导向在沟通中极其重要：当你打算表达一些什么时，首先要明确自己的目标是什么、期望达到怎样的目的。

就拿写自我履历表来说，写给客户的履历表与写给公司 HR 的履历表肯定有所不同：在前者中，你需要明确地展示出自己在与客户产生联系的项目、内容上有哪些优势，以让客户产生“这件事情他来做我放心”的感觉；而一份写给 HR 的履历表更多的是为自己争取到面试机会、得到工作而展开的。

目标不同，表达方式也不同：很多管理者在表达以前没有针对目标想太多便直接展开，而这种表达最终的结果很难让自己满意。

试想一下：情人节你与爱人约会，结果对方路上塞车，迟到了 2 小时，大家都不开心。这时候，作为等待方的你是要发泄，还是希望对方哄哄你？目的不同，说话的方式自然也不同。

按时间分	按层级分	按结果分
•长期目标 •中期目标 •短期目标	•公司目标 •部门目标 •岗位目标	•经济目标 •环境目标 •生存目标

对于管理者来说，影响个人工作效率的表达目标多与上图内容相关，它们是团队内分工、决策的依据，同时更是展开考核与激励的标准。而在成果导向的结论化思维中，要想更好地确定目标，管理者就必须清晰地意识到什么样的目标才是一个明确的目标。

明确目标设定的基本步骤

如果你不懂得一个具体的目标设定步骤，那么，你便很难在管理过程中让目标表现得更合理。在这方面，原本用于确定关键绩效指标的 SMART 原则在目标设定过程中同样有用，如下图所示。

目标 SMART 原则
Specific：具体的，具体想要实现什么？ Measurable：可度量的，目标必须是可行为化、数据化的。 Attainable：可实现的，目标必须是可以在组织 / 团队能力范围内可实现的。 Relevant：相关性，借助此目标，与组织 / 团队其他目标会产生怎样的关联作用。 Time-based：有时限，达成目标的时间是可量化的。

明确设定目标的基本原则

知道 SMART 原则并不意味着你可以做好它，否则便不会有目标冲突的情况出现了。而想要让目标在后续减少麻烦，你就需要明确两大原则。

◆ 让目标始终存在。

从绩效改进的观点来看，目标与现状之间是存在着差距的，否则目标便没有必要存在。根据这一判断，我们需要选择、设计具体的方案，并在此基础上展开干预措施。在这一实践过程中，你需要不断地论证方案，以确定达成目标的可行性，最终还需要以目标为衡量，进行绩效改进。

这与结构性思维恰恰相呼应：不管是上下对应还是演绎归纳，你都需要建立在结论与目标的基础之上。而这也恰恰凸显了目标的重要性：只有始终存在一个明确的目标，你才能够展开后面的动作。

◆ 别追求一次便将目标完美完成。

追求一次就把事情做好的观点并不可取，毕竟完美的做事过程只存在于个人想象之中。不管是管理还是表达，都是一个在行进中探索与变化的具体过程。因此，你不应追求一次性的完美，而是要在阐述、表达的过程中，不断地依据原本的目标调整个人努力方向，以求使最终结果不至于太过偏离目标，或者可以超越目标。

在这两大原则的基础之上，我们便可以进一步展开具体场景下表达目标的确定。

提前预想，越具体越好

管理者的工作往往围绕着利益谈判、上下沟通展开，在这些特定的场景之中，我们需要提前预想场景，才能更好地应用成果导向进行目标设定。

预想场景对设定表达目标有着极其重要的意义：一场与客户展开的商务谈判，目标不应是说服对方，而是要尽可能地达成双赢；一场以协调部门冲突为目的的对话，最好的结果是通过沟通达成相互理解，而不是让某一部门臣服于另一部门之下。

站在不同角度上分析沟通对象

你的表达往往是有着特定对象的，想要让自己的表达达成期望的结果，你就必须在表达以前详细分析：对方是否想展开这场对话，对方想通过对话达成怎样的结果。

◆ 清楚自己想要什么样的结果。

管理者必须对表达的目的有明确的认知：你是要达成一个态度，还是要陈述一个观点，抑或只是想通过语言激励提升对方的行动力？想要的结果不同，语气、内容便会截然不同。因此，从表达角度想清楚结果非常必要。

“这项工作是老板交办的。”当你对下属这样说时，你到底要达成怎样的目标？你是想交代一下它的背景，还是想让下属意识到它的重要性？可以说，一位优秀的管理者最出色的地方就在于，他们在重要的上下沟通过程中，不会无意识地进行表达，而是会清晰地知道自己在说什么、为什么而说。

◆ 分析对方想实现什么。

知道对方想要什么有两个原因：双方可以在沟通过程中处于同一频道；在对方表达不清晰的情况下，你能更快地了解对方的目的。

比如，在一场谈判之中，如果你明确地知道对方的目的就是“压低合作价格”，那么，在接下来的准备过程中，如果大家目标一致，便更容易达成双赢。

从上述内容中我们很容易看出，建立在成果导向基础上的表达，其实正是管理者必备的管理素质之一：达成有效沟通的能力。也只有在以目标为基础的导向之下展开对话，你依据管理职能展开的各项表达才会达成更好的效果。

2．没有结论时，整理杂乱信息

有些时候，你已经对问题进行了详尽的调整，并了解了情况，但对这些内容进行整理以后，依然不知道要得出什么样的结论。在这种情况下，整理信息并进行分组，然后从分组中找出结论便成为你最迫切做的事情。

比如，公司内氛围不佳，很多人都感觉到人际关系淡漠。你所主管的人力资源部门被委派调查这一情况。在各类调查工具中，你选择了问卷调查，同时得到了许多意见。

调查的留言多种多样：上司对矛盾放任不管、年轻员工不知道配合、工作节奏过于繁忙、上司从不关注报告、上司不告知与其他部门进行合作的注意事项、其他部门提出过分要求、没有休闲时间、对其他部门的指示不知如何行动、上司总是给出无根据的指示……

可以看出，这些信息杂乱无章，如果你想向管理层进行汇报，给出这样的意见明显过于敷衍。但是，当你得到的信息本身就是杂乱无章时，你要如何做才能总结出对方所需要的结论呢？

在这种时候，我们之前提到的 MECE 原则便成为首要选择。

借用 MECE 法，展开信息分组

有很多信息难以汇总时，可以先分组，然后将那些信息较为重大的组作为切入点，去寻找结论。

公司内部氛围不佳时，你收集到的理由多半是有关以下几大方面的：部门间合作不顺畅、对上司有意见、对工作有意见、对福利不满……按照此分类展开整理，自然可以获得较好的结果。

在其他方面运用时，则可以使用我们之前所提及的 MECE 原则的常用制作方法。

◆ 某事与某事以外。

比如，自己与他人、已婚与未婚、工作与生活、管理层与一般员工等分法。这种整理方法就是将想要处理的主要内容与其他内容分成两个部分。也可以分成两个相比之下更主要的部分与其他部分，即“这个、那个与其他”，比如，“中国、美国与其他国家”，“可口可乐、百事可乐与其他可乐”这样的分类。

◆ 过程分析法。

比如，项目从开始到结束的计划、实施、评估与改善，时间上的过去、现在与未来。找出时间点，按过程顺序思考时，资料中的主线便可以很容易被发现。

◆ 算术公式法。

这是另一项管理者常常会用到的分类方法，比如最常见的：

销售额 = 单价 × 数量

利润 = 销售额 − 费用

接单数 = 提案次数 × 接单概率

此类分类方法常用于组织的目标值设定或计算评估值时。

◆ 要素分析法。

这是根据组成事情的要素展开分析的方法，也是 MECE 原则中最重要的方法。比如，华中地区有河南、湖北、湖南三省，文章三要素是指思想、材料、表达，演讲三要素是指你所说的内容、你所说的方式、形体语言组成……这种方式是将可以看出全貌的事物如同切比萨一样分割开来。

案例中所说的“内部合作不佳”问题，便可以按照这一方式进行分组，如下图所示。

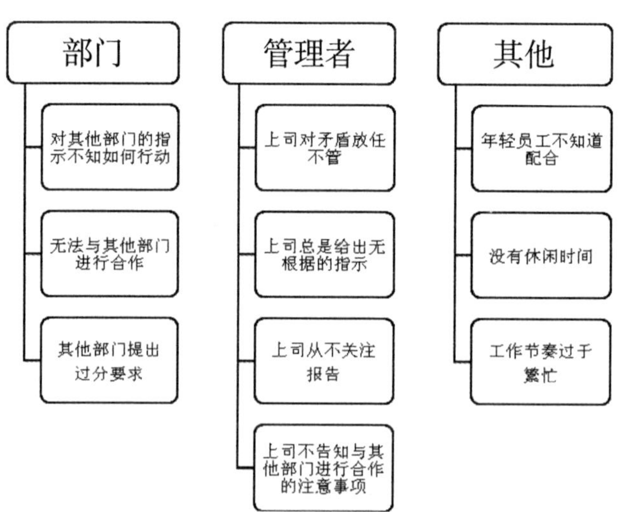

依据分类，思考可以得出怎样的结论

在整理这些信息时，我们需要去除某些不必要的细枝末节，将之归纳为“其他项”即可，从而找出类似于主干的结论。

仅拿“内部合作氛围不佳”这件事情来说，你可能在这次的调查中发现，意见最多的是“对部门间的合作意见”与“对上司的意见”，这两项内容都属于在交流方面存在明显不足，于是便可以得出公司内部人际关系冷漠的主要原因是“部门间、上下级间的交流存在问题”的结论。

使用对方可以信服的理由展开分析

正如我们之前所说的，结构化思维中的说服，理由间的平衡极其重要。这时候，我们就需要使用 MECE 分析法，找出可以让听众信服的理由。

比如，新项目的提案，通过使用 3C（市场、竞争对手、组织自身）方法：对市场现状的预测是什么？竞争对手的数量、力量与竞争手段是什么？如何发挥组织自身的长处或资源？从上述三大方面汇总理由后，理由便会变得更充分。

在说明想要购买“A 公司的产品替代公司中老旧的电脑”这一结论时，你便应关注，该公司的产品除了功能、价格方面，还有哪些优势？功能方面是否满足所需（是纯上网还是编辑动画）？价格方面，在预算范围内与其他产品相比，是否占据优势？这两点是进行预算申请时极其重要的理由。

公司内部合作氛围不佳，多是由上下级交流、平级沟通所产生的问题，在这方面，上下级交流方面如何？部门间合作是否顺畅？这是导致公司内部合作出现问题的最重要原因，同时也是管理层最关心的、会阻碍公司绩效提升的问题。从这些方面入手进行分析与阐述，更能让对方信服。

将总结出来的结论表达清晰

如果你害怕理由的分类过多，影响到结论，那么，你可以使用指示词来引导，告诉听众接下来出现的就是结论。而且，你在整理的过程中也应注意：看到这些指示词时便提高警惕，因为它们后面跟的往往就是结论，如下图所示。

它们后面跟的往往是结论

- 因此
- 表明
- 由此可知
- 由此得出
- 所以
- 因此可以确定
- 我要说的重点是
- 显示出
- 证明
- 告诉我们
- 问题的实质是

按照上述方法展开，杂乱信息便有机会被整理出头绪，而你在表述自己的结论时也会更有针对性。

3．一个结论两种展示，会有完全不同的效果

当我们说理时，其实不管运用的技巧是什么，但终归是使用“根据支持、说明结论”的方式展开沟通的。不过，因为我们不可能将自己的话一下子全部倒出来，因此，说理时往往会有两种方式：

① 先说根据，后说结论。

② 先说结论，后说根据。

两种不同的展示方式，我们需要根据什么去选择？

举例来说：你需要向公司董事会报告一项关乎公司未来发展的专案进度，通常董事会可能已经非常清楚专案的整体架构与背景。

在这种前提下，他们可能会询问你有关“针对冬季需求量而研发的新产品什么时候能够投入市场”的问题。此时，如果你使用“先说根据，后说结论”式表达，便很容易被误解。比如，若按以下方式进行表达：

“眼下，我们的试验品研发进度依然缓慢，可能还需要 2 ~ 5 个月的时间才能完成。接下来，我们会针对试验品展开案例性检测，并着手进行生产线的设计，大约 3 个月后才能开始量产。如此一来，出货期最早也得到 9 月底。这样肯定赶不上冬季的高需求期，因此，我们正在想办法提前出货。”

“为了提前出货，我们首先会将进行试验品研发的工作人员增加一倍，并在每一研发阶段并行展开安全性检测。在生产线方面，也会依据往日的设计图来打造。这样一来，7 月初可以出货，8 月份便可全面投放市场，

正好赶上冬日旺季。”

在这一阐述中，“7 月出货”这一董事会最关心的结论直到最后才出现，董事会很可能已经产生了误解——由于董事会已先得到“试验品研发进度落后”的信息，在这一前提之下，先说根据，后说结论其实就相当于给了董事会发挥想象力的空间。他们可能会因为你提供的负面信息想象出种种负面的情况：“试验品研发进度落后，会不会导致产品品质问题？”“生产线还能及时布置吗？”“若错过了销售旺季，那该怎么办？”

所以，是先说结论还是先说根据，你需要在两大判断标准的基础上，根据结论与听众已有观念相左的程度、你的目的、对方的需求全面入手。

观念相左时先说根据

一旦你确定了自己所讲的与对方已有的观念不一致，甚至是截然相反，但是又有必要将事情说清楚，那么，最好先说根据，再说结论。

理由很简单：从认知心理学的角度来说，一旦遇到与自我已有观念相左的信息时，人们往往会在不自觉间进入“排斥”状态，而非“接收”状态。人一旦进入“排斥”状态，在理解信息时便会得到不同的结果。在这一过程中，“排斥”这一状态就如同一副墨镜，让一切信息变色。

这就好比你本身认为“草是绿色的”一样，如果有人告诉你“草是红色的”，你的第一反应不是审视自我认知，而是质疑对方的观点。在这种状态下，你会关注一切可疑之处，用以证明自己的已有观念是正确的、不需要改变的。

在这种情况下，先说根据便极有必要了：“国内有一种名为‘网纹草’的植物，它的叶子就如同火焰一般，红得震慑人心；无独有偶，日本有一种植物叫‘血草’，它的叶子也是红色的。因此，并非所有的草都是绿色的。”

听起来只是说话顺序的不同，却带来了效果上的巨大不同：当你将所有的根据讲清楚后，甚至没有必要一定将结论说出来，因为你的听众很可能已经自己得出了结论。

向下沟通时，结论先行往往不可取

你手下的员工小A最近常常迟到，且工作上也总是出错，作为他的领导，你必须和他谈一谈。在这种情况下，若你按照结论先行的方式，往往会这样做。

你：“最近你怎么总是迟到？上班也不认真！”——先说自己推导出来的结论。

小A：“啊？哦……”但他心里多半在想：我只是最近有事，才不得不迟到了三次，真是倒霉，三次都被你遇到了！

但有经验的管理者在表达时却会反过来，先说根据，要不要说结论，视员工的具体反应来定。

你：“小A啊，有些事情我们要沟通一下。”

小A：“怎么了，经理？”

你：“我发现你在两周内迟到了三次，而且最近提交上来的报告出错率比以前高了，这不是你一贯的表现。是不是最近生活中有什么不顺心的事情呢？”

这种阐述方法最可贵的是你先说出了自己观察到的事实，但是却没有给出你对这些事情的具体评价——此时，给出带有主观意向的定论对员工本身就是一种不公平的对待：他或许是因为家中有事，导致心神不宁才使犯错率升高；或许路上堵车出现了迟到的情况；更有可能，他真的只是偶发性地出现了这些情况，而你恰恰遇到了。

“工作不认真”“不谨慎对待工作”，这些都是你通过事实推导出来的结论，它们可能是正确的，也有可能是错误的。因此，在这种情况下，先说结论，便起不到良好的沟通效果，清晰而简洁、明了的说明更无从谈起，因为你们的谈话可能很快就中断了：对方很可能因为情绪上的不认可与反叛而不愿意与你深入沟通下去。

告知不幸消息时，最好将结论放在最后

很多时候，管理者都是那个处理不良信息的人，这是管理者必须应对的一份职责，在这种时候，你更需要谨慎地想好自己的目的。

现在，设身处地地想象一下：假如你必须宣布一个对下属情绪冲击极大的坏消息，你的目的是什么？比如，在公司经营不景气的时候，你或许需要告诉员工，他将被解聘，且管理层决定，因他“工作绩效连续 3 个月不达标”，因此得不到优厚的离职补偿。

如果你的目的是为了打击他，使他在巨大的心理冲击下一蹶不振，那么，你直接告诉他结论就行，越狠越好：“你连续三个月都没完成业绩，现在，公司决定解雇你，你的离职补偿是 1 个月的工资。不要问我为什么你的补偿不是公司之前认定的 3 个月，问你的业绩表就行！”

这种告知方式最坏的结果就是员工与你出现正面的冲突，达不到“和平离职”的目的不说，你的管理权威也会因争执而受损。

如果你希望对方以相对平和的态度了解到这个不幸的消息，那么，你应该从周边的相关事情说起：“最近行业非常不景气，我们公司已经有半年没有盈利了。这导致公司在行销方面力度极小，而我们部门的业务人员业绩也在不断下降。”

然后，慢慢地引出最后的结论："已经造成公司盈利上的恶性循环，因此，管理层不得不对此采取一些措施，比如，请那些业绩连续 3 个月不达标的员工离职……"说到这里，员工虽然也会有不满，但因为他非常清楚自己的业绩不达标，在情理方面的理由不充分使他出现激烈反抗的情况会极少，而你也可最大限度地获得较好的沟通结果。

可以看到，是"根据先行"还是"结论先行"，完全要看当时具体的情景，并且要非常清楚地了解自己的目的与对方的需求——也唯有这样，才能将成果导向的工具用活。

总之，要把工具用活，就要充分考虑到当时的情景，并非常清楚地了解自己的目的和厘清对方的需求。

4．四种情况下结论先行

正如我们刚刚所强调的，判断是否需要结论先行时，考虑自己的目的与对方的需求极其必要。最好的例子就是，你在给客户做营销策划汇报时，必然会先确定自己的目的是什么。在这种情况下，往往最大的目的就是打动客户，拿下这个项目。

此时，你便需要考虑：要达到这个目的，你需要满足客户什么需求？回答这一问题，你多半会进行换位思考：如果你是客户，你是希望对方先将复杂的东西一一交代，却没有一个明确的主题或者结论，还是希望对方可以先将结果说清楚，再慢慢地交代背景？

他是最希望听你从国家政策、市场环境、竞争对手等方面入手，详细而具体地分析一通，在1小时以后才得出对应的结论，还是一开始就希望你告诉他：这里有一个方案，可以让你们的客户来访量在2个月内增长200%？

在我看来，作为客户，对方花费时间与金钱请你工作，你就需要在第一时间告诉对方，你可以帮助他做什么；然后再告诉客户，为什么你能干而别人不能干。在这种情况下，明显结论先行会比较有效，而这也反映了表达过程中“换位思考”的重要性。

不管是口头还是书面的表达，想让对方理解你所表达的内容，你都需要站在对方的立场去思考，话要怎么说、提案要怎么做、报告要怎么阐述，才能让对方理解。

换个角度来说，即便眼下你并没有明确的结论，而是在进行工作请示，希望自己的上级可以给出一个结论，那么，这个希望此时便是你的主题。

假设你是一名部门主管，正在向总经理进行工作汇报：“在第二季度，我们的竞争对手所提供的××领域的产品降价幅度为2%～3%，这导致我们原有产品的市场占有率下降了0.1%，但销售成本却比之前高出了0.5%。”如果你仅仅将话说到这种程度，那么，总经理可能一头雾水——他并不知道你想要表达的是什么，你是想让他支持下一步展开降价，还是希望他支持你展开其他的应对举措？抑或你只是在告诉他眼下××产品的一个现状？

按照结论先行的原则处理这样的情况会让沟通简单起来：你应事先想好你想要的结果或目标是什么。

若你需要总经理支持你降价2%，但是你并不确定这样做可不可以，那么，在走入他的办公室陈述现状以前，你需要先告诉他，今天想请他确定是否可以将产品售价下调 2%，然后再陈述理由：因为市场上的同类竞品降价了 2% ~ 3%，这直接导致了我们的市场占有率下降了 0.1%与销售成本提升了 0.5%。在你看来，降价势在必行，因此，你想征求一下他的意见。

如此表述，总经理才会清楚你的需求，而你也将自己必须表达清楚的内容说得足够清晰，方便他做出是否降价的决策。

除了这一“考虑听众需求”的情况，结论先行在下述三种情况下也有其必要性。

观念一致时

若结论是听众容易接受或已有观念较接近甚至一致的，便应选择“结论先行”。此时，“说服”的成分会少一些，更多的是展开“说明”。

因为你所讲的大部分内容听众已经知道，所以，大脑会放弃思考：在输入的信息与已知信息相近时，大脑的惰性便会发挥作用。在这种情况下，你最重要的事情就是告知听众你的观念与他的观念之间的“一点点的区别”。此时，为了让对方注意力集中甚至感觉有所收获，你最好提供一些对方原本可能没有想到的例子、理由，或者从另一个较为特别的角度阐述。

信息复杂时

假如你要向管理层申请在自己主管的新项目组中调入一名成熟的设计人员，以保证项目能取得更高的完成质量，那么你可能会以类似方式阐述。

“客户刚刚又打电话咨询项目的进展了，这一次的项目时间紧、任务重，恐怕按时完成很难。”

“小 A 是项目组中资历最久的成员，与客户关系也较好，但就是技术水平不佳，常出现小错，将重要内容交给他我不太放心。”

“小 B 经验最丰富，但家里出了点事，以他现在的精力很难将工作、家务两头处理好。”

“小 C 倒是很努力，不过，以他的资历，处理这样的大型项目明显经验不足。”

“我问了人力资源部门的负责人，新招聘的设计人员还未到位，就算到位，在这个项目上也来不及了。”

针对这些信息，你若一一提供根据，很显然会让上级领导产生困惑：“你跟我说这么多到底有什么用？”“你到底想说什么？”在这种情况下，结论先行便成为一种必然：“为了保证项目按时完成，能不能再派一名经验丰富的设计人员进入项目组”，然后再阐述原因，这样表达效果会更好。

时间紧迫时

其实，时间紧迫也是基于大脑的记忆与理解要求：正是由于大脑的记忆与理解时间有限，表达者没有充分的时间去说明，接收者也没有充分的时间去记忆与思考。在这种情况下，结论先行就是一种省时省力的方法。

“电梯原则”便是立足于此展开的：

假如你是某对外贸易公司的部门经理，为了与国外某客户展开某项目合作，你带领团队准备了长达半年的时间。由于该项目太过重要，因此，你们为它设计了详细的解释工作，其中包括长达几百页的报告与多达 7 份的数据分析与合作可行性报告。

客户对于该项目也非常重视，他们不仅安排了公司重要高管出席该次合作洽谈会，同时还请到了公司中国区的 CEO 与主要负责人。对此，你们当然更兴奋也更紧张地展开了准备工作。

谁知，当会议刚开始、你们准备大展身手时，突然对方的董事会秘书对客户 CEO 耳语了几句，他点头致歉后离开了几分钟。回来以后，他道歉道：“非常抱歉，今天的报告不得不中止，眼下，公司有一件非常紧急的事情需要我飞一趟华盛顿。”

在无奈之中，对方匆忙离开，不过，这位 CEO 给你了一次机会：利用他到停车场的时间阐述一下报告的主要内容。

在这几分钟的时间里，你需要将报告中的主要观点一一说清，同时更要争取他的认可与支持。此时，结论先行便显得尤其迫切：“我们认为……”

这便是时间紧迫中的典型与极端情况，在这种情况下，你准备的几百页资料再精美、再详细也没有用——你需要考虑，怎样说才能在引发对方兴趣、激发对方思考的基础上，将报告内容浓缩再浓缩、简洁再简洁地阐述出来。否则，在如此短的时间内，对方是根本不可能接受你的提案或建议的。

从上面四大角度入手，你便可以具体地判断出，对自己与听众而言，是否要结论先行；若需要结论先行，要怎么去表达。

5．阐述你能带来的好处

如果你想在表达中展示出自我成果，那么，FAB 法则明显有极大的帮助。

FAB 对应的是三个英文单词：Feature、Advantage 和 Benefit，即属性、优势、好处。按照这一顺序来展开成果介绍、目标达成，就是说服力极强的结构，而它所达到的效果便是让对方知道，你所提供的是最好的。如下图所示。

FAB 表达层次中，所达到的效果是层层递进的。

最好的例子就是苹果展示出来的推销产品策略。

苹果粉都知道，第一代 iPod 正式发布于 2001 年 10 月 23 日，其容量为 5GB。

假如表达能力不足、关注点与用户不契合，那么，你很可能会设计出这样的广告词："超长待机""迷你尺寸""更大容量"。这些广告词并不是说不好，而是它着重凸显的是产品的规格——它所使用的是 F（Feature）表达方式。

当时，市面上 MP3 的容量大多为 128MB 或者 256MB，若你的关注点在这一点上，那么，可能会使用 A（Advantage）式表达，其广告可能会被设计成这样："十倍大容量 MP3""秒杀市面同款产品"。

然而，第一代 iPod 的广告是这样的：在你的口袋里装上 1000 首歌。

想象一下：什么最能打动一个乐迷的心？

在那个一张 CD 只能放 10 首歌的年代里，你可以将多达 100 多张的 CD 放入自己的口袋里，没有任何负担地到你想去的地方欣赏——这对于真正的音乐爱好者来说，其实是一种极大的诱惑。

在此处，苹果公司便使用了 B（Benefit）式表达，他们通过巧妙的文案强化了 iPod 带给你的 Benefit（好处），从而使你对产品特性拥有了更直观、更强烈的感受。

FAB 法则在运用于管理者的表达中极其重要：在管理者的工作中，很大一部分内容是在产出成果、进行说服，特别是在提出建议、给出方法的沟通过程中，如果你能够很快地实现层层递进、提出 Benefit 的点，那么，你的沟通便会更加顺畅。

立足于好处展开沟通，其实是一种典型的成果导向式表达：在向上司 / 客户推介产品或建议时，你要考虑的是如何让对方同意、购买你的产品或建议；在对下属展开教育时，你要考虑的是如何让对方改进绩效、实现工作态度与方法的进步。而这些目标的达成无一不需要站在“好处”的基础之上——你要让对方意识到你所说的能够带给他们怎样的好处。

想要成功地向对方展示好处，需要做到以下几点。

明白：强加的要求没有强制力

正如我们之前所强调的，你需要明确自己展开对话的目标，充分相信，你希望、促使对方发生何种变化或采取何种行动非常重要。

可是，在没有强制力的情况下，单方面地提出“你应该这样”或“你可以那样”并不切实际。这是因为，若不告知对方自己的提案如何对对方有利，那么，让对方主动采取行动便会变得十分困难。

你可能会认为这是一件理所当然的事情，可是，以“方便自己”与“对自己有好处”为提前所展开的沟通已多到令人瞠目结舌的地步：运营部主管不能理解，为什么产品部门将需求否定了；产品部主管不能理解，为什么研发部门实现的功能与他想要的如此不同；销售人员不明白，为什么怎么做客户都不满意；管理者不明白，给了你们这么多人，怎么连这么一项简单的工作都做不好——在向下沟通中，这种趋势往往更加明显。

这些沟通过程没有做好，便会导致信息不完整，而这往往是导致管理低效的关键所在。

明确换位思考的重要性

有时候，你总认为自己的沟通是有效的，你说得已经足够明白，可对方依然不明白。造就这种情况的往往是每个人都存在的认知问题。

自己熟悉的事情，便理所当然地认为对方也应该熟悉与明白；自己认可的东西，就认为其他人也应该认可。这种“我感觉世界是怎样的，世界就应该是怎样的”反映出的是管理者个人思维上的缺陷。在哲学中有一种名为“我意识到你存在”的理论，在我看来，每个管理者都应意识到这一理论的重要性：每一个存在的个体都是独立、与你有所不同的个体，而你的管理素质往往立足于你是否意识到这种存在与不同。

这就需要你真正地站在对方的角度出发、考虑：

① 他是如何看待这一问题的?

② 他对这一问题有什么样的判断与评价?

③ 他会如何处理一件事情?

④ 他会怎样理解我说的话?

⑤ 他会想什么样的解决方案?

一旦你能够立足于这五点展开思考，你便有机会跳出自己的思维框架，站在更高的角度看问题。

站在“帮助对方解决问题”的角度上

如果你真的想实现更高效的沟通，那么，你就必须在充分回答上述问题的基础上，站在“帮助对方解决问题”角度上，告知对方，自己给出的建议、提出的方法对于解决其所面临的问题到底能够发挥什么样的作用。

在一次沟通课程上，我问过这样一个问题：“你的老板想找一位下属主管陪他一起到国外出差，你很想去，不过，你要选择什么理由说服他，你才是最佳人选？”

大家七嘴八舌地给出了很多答案：

“我在美国有很多高管朋友，可以安排一场有益的行业交流会议。”

“我曾经在美国留学生活，在行程安排上会更加有利！”

“我拥有上一季度最出色的业绩表！”

但在我看来，最让我认可的答案是这样的：“我已经安排好了接下来的工作，可以立即出发。”

这也是立足于FAB原则展开的最佳回答：你谈再多自己的属性、优势，也不及老板最关心你能否做好自己的本职工作，而这就是你相对于他的“好处”。

当你进行阐述时，所给出的答案有利于其解决所面临的问题时，将促使对方积极地倾听你的意见；若对方能够接受，他便能够自发地采取你所期望的行动。可以说，这正是互利共赢的基础所在。

6．巧用分析，实现一开口就解答疑问

有时候，你已经有了明确的结论，但是，在传达过程中，依然无法做到让他人信服。在这种情况下，你就必须考虑两点：你的论点是什么？你能够让人产生认同感的理由是什么？

比如，身为信息系统部主管的你就全公司导入新的公司内测网络向董事会报告。这一网络的目的在于，促进公司内部与平日里不太产生直接联

系的部门展开信息间的共享。

在向董事会说明该网络的重要性时，如果只说功能方面的理由显然并不能说服对方——董事会并不关心它有什么样的功能，而在乎它到底能够解决哪些经营问题，因此，“它可以实现信息存取的便捷，更可在不同部门间更方便地传输文件”一类的说法打动董事会的概率很低。

如果你这样说，情况就会截然不同。

论点：“本公司经营问题之所以频繁出现，关键在于各个部门之间存在隔阂。为了解决这一问题，便需要有一个可让部门间信息共享的工具。”

结论：“在我们内部测试后发现，导入 ×× 企业内部网络是最适合的。”

在这种情况下，董事会会很快明白你说的是什么。

不过，在接下来，你要如何呈现出“导入 ×× 企业内部网络”这一结论是正确的？在你预计的、实践该结论的方案中，有哪些可行性方案？此时，你就需要展开具体的分析，而这种分析往往是建立在背景、问题与答案三大要素之上的。

当你请示支持时

如果你确定“导入 ×× 企业内部网络”是一项必要的举措，且信息部已决定采用该方法促进公司沟通效率，你便需要请求董事会的支持。

这在管理者的工作中极其常见，比如，你常常会需要针对某一事项要求上一级管理者批准经费。在此类情况中，对方的疑问往往是“我应该批准这一申请吗”，在这一主题之下，多呈现为下图所示的结构。

请求支持时的结构

背景 = 我们遇到了 ×× 问题；
问题 = 我们的问题需要通过 N 方案解决；
疑问 = 我应该批准吗?

回答 = 理由为……因此，应同意……

因此，你的阐述与分析需要针对“应不应该”展开解答。

仅拿请求设置内部网络的经费申请来说，通常情况下，其标准理由都会被列为 3 ~ 4 个。

董事会应批准该经费申请，因为：

① 解决内部沟通不畅问题已刻不容缓——指出存在的问题。

② 此内部网络方案可解决该沟通不畅问题（或此方案是多种解决方案中的最优方案）——详细说明解决方案。

③ 列举采用此方案后，可节约的成本——常见的财务角度分析。

④ 列举组织可从该方案中获得的其他好处——此方案可创造的其他利益。

不过，最后一点并非必要：如果有额外的好处，那你可以列出；如果没有，那么你也可以不提出这一点。

依据上述内容，我们可得到该方法的结构图，如下图所示。

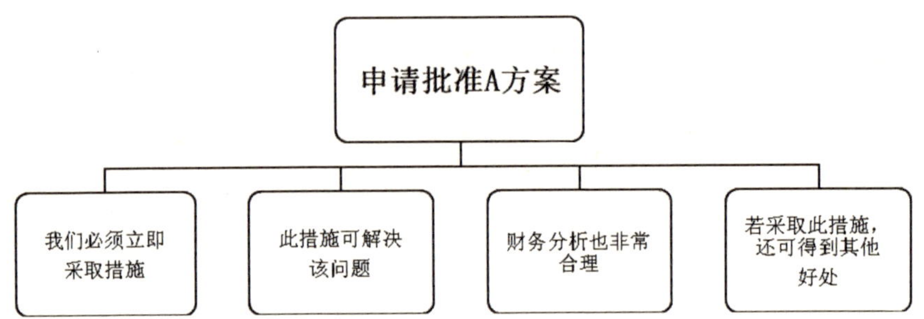

解释做法时

很多时候，管理者还需要针对组织内出现的问题进行解决。比如，当下属遇到困难时，你需要向他指明如何解决问题；当客户或上级管理者不清楚你所提出的建议要如何操作时，你需要向他指出具体的实践方法。不过，两者在结构上存在一定的差异。如下图所示。

解释做法时的结构

① 指明如何解决问题时：
背景＝必须做××；
问题＝还未做好做此事的准备；
疑问＝如何做准备？

回答＝步骤一为……步骤二为……步骤三为……

② 指明建议应如何进行时：
背景＝你们目前的情况是……
问题＝在该情况下，无法正常工作；
疑问＝要如何改进才能恢复正常的工作？

回答＝步骤一为……步骤二为……步骤三为……

而这两种情况的架构都可以按下图来展开。

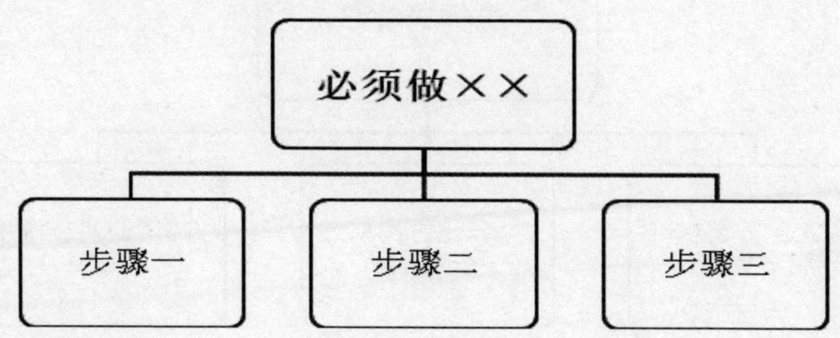

对比选择时

在向上表达时，你可能需要就不同方案的优劣进行区别分析。在此类表达过程中，往往会呈现出如下内容。

对比选择时的结构

背景＝我们希望做 ×× ；
问题＝我们有 N 个做该内容的方案 ；
疑问＝哪一种方案最合理？

回答＝对比方案 A、B，C 的优势在于……因此应选择 C。

当你有了确定的方案选择方向时，你可以使用两种方法回答“为什么 C 方案优于 A 与 B 方案”这一疑问，而具体采用哪一种方法要取决于你具体的分析结果。

最简单、效果最佳的表达是围绕评估标准来阐述。如下图所示。

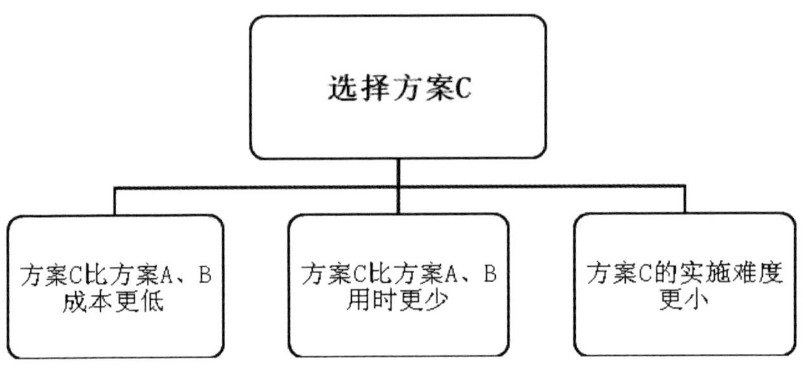

不过，有时候，方案 C 并不一定在成本、用时与难度上都优于其他方案，在这种情况下，你只能通过对比各个方案的优劣势来展示出你所选择的方案的必要性。也就是说，你需要说明自己放弃方案 A 与方案 B 的主要原因，同时指明自己选择方案 C 的主要原因。

在这种情况下，其结构多会转变为观点阐述。如下图所示。

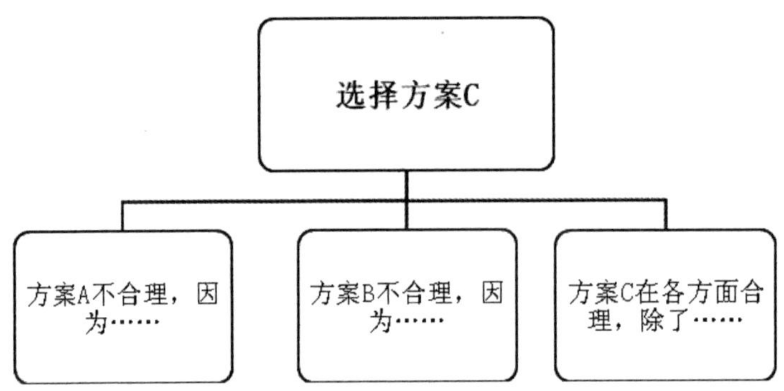

当然，也存在第三种情况：所有的方案其实都不是你的最佳选择，或者你针对问题并没有一个明确的答案，此时，你所面临的“疑问”要么是“到底选择哪一个”，要么是“我们应该做什么”。在这种情况下，表达的重点便会变成各个方案所带来的直接最优结果，而其表达结构也会出现变化。如下图所示。

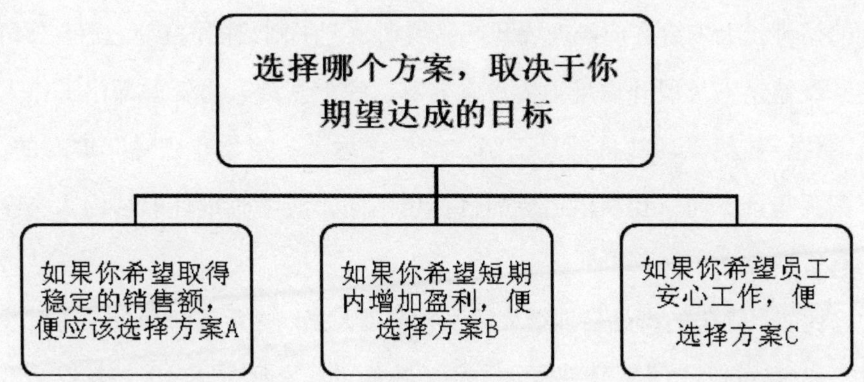

从上述不同分析角度入手，我们可以看到，只有立足于不同的目的展开说明，你的表达才能真正地解答对方的疑问。

7．了解场景，才能提升针对性

针对工作中出现的某个问题，你在董事会进行汇报与和下属进行问题沟通，所采用的语言、说话方法与思维结构肯定完全不同。这也是成果导向中一个重要的场景：你必须在确定目标以前先了解自己即将展开表达的场景。

你要在什么样的时间、地点对谁展开表达？在这场表达之中，你是谁？对方的角色定位又是谁？想清楚了这些问题，你才能组织好自己的话语内容。更重要的是，这个场景越具体越好，因为即便同样的内容，在不同的场景之下，其表达目标也不尽相同。

仅拿演讲来说，我曾在一天内为不同人群展开以“捷思妙言”为主题的演讲。上午给客户经理展开产品培训，下午则给国内某大型 IT 公司的一线营销人员展开思维力大讲堂分享，晚上则给人力资源部门工作人员演讲。虽然三场演讲都是围绕“结构化思考、形象化表达”展开的，但因为场景不同，我期望达成的目标也不同，演讲时设计的结构、内容也有所不同。

比如，上午的产品培训结束后，我希望大家以后都愿意通过“捷思妙言”式表达进行销售；下午的大讲堂，我希望大家听完以后能够掌握“思考与表达”的结构化与形象化办法；而晚上为人力资源部门工作人员进行培训，则希望他们听完以后认为我提出的表达与思考方法有优势，愿意马上引入企业。

所以，说话者不管是准备演讲还是准备谈判、汇报，都必须明确自己所面临的具体场景是什么，而且在对象之中引入场景时将自己与他人的联系越明确越好，因为你未来展开对话的目标、主题与结构都会受到它的影响。

依据场景才能增强说服力

真正能够增强你说服力的艺术是，让人们不管是在逻辑上还是在情感上都能够与你的想法、立场产生关联。在任何有说服力的对话里，你都需要在某种程度上与对方产生联系。这种方法在以下管理场景中尤其有效。

在这些情况下，最好的方法是在个人层面上与他人产生联系，而这在心理学上被称为“钩住”：设计一个生动的描述与隐喻，钩住对方的注意力，以吸引他人注意到你所谈论的构想。

在这种情况下，分享个人经历与经验是一个不错的选择。这可以分三步走：

① 你可以在计划之中引入自己曾经是怎样做的、获得了哪些成功。

当你想：

▪ 引入一个新想法并试图激起兴趣时；

▪ 为已做出的决定争取支持时；

▪ 提高绩效或责任感时；

▪ 领导一个陷入有分歧和冲突不断的团队时；

▪ 与充满创造力的同事，如设计或营销人员合作时；

依据场景更有说服力。

② 不断强调，如果他们采取你的观点，或者做出相应的改变，则对他们有怎样的好处。

在这一步中，你可以思考一下：

你的提议可以解决哪些问题，以增强他们的安全感、建立彼此之间的信任关系？

你可以运用哪些动机创造双方一致的目标？

你在哪里能够找到共同点统一双方的观点或意见？

你当然需要一个符合逻辑的阐述方式，但在此之前，你需要将自己的建议诉诸对方的观点、担心与动机。

③ 强调为何“现在”就是行动的最好时机。你需要先告诉对方，为什么你的建议如此重要，为什么当下就是行动的最好时机，然后强调这样

做会给个人、业务、你的客户、合作伙伴等人所带来的好处。

当然，在上述内容中，你应做到真诚而坦率，这将有利于你督导事情朝着自己期望的方向发展。

场景越具体内容才能更准确

如果你亲身参加过一场多人球类对抗赛，你便会发现，你所处的位置不同，面临的问题也会完全不一样。设定场景就如同参与球类比赛，必须先确认自己的位置——你是谁、对方是谁，然后你才有机会确保自己所有的目标与接下来对谈话的构思是有的放矢的。

一个场景的明确往往可以为目标、结构甚至内容带来翻天覆地的变化。

有一次，在某女性公司内部展开培训时，某小组当时研讨的主题是“如何做好‘十一’小长假终端营销”。按照他们自行讨论的结果，搭建出来的结构如下图所示。

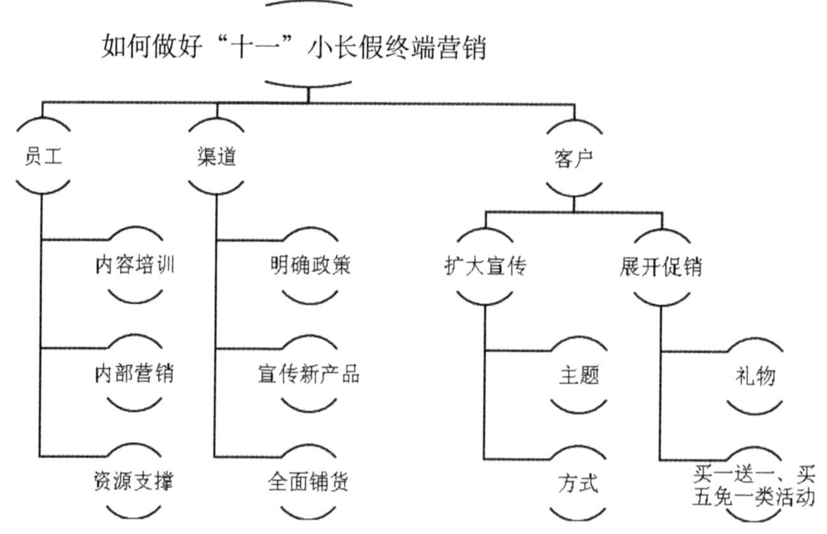

可以看到，在上图所示的结构中，一级目录包括员工、渠道与客户三项内容。待到呈现环节时，我便问他们：你们设定的场景是什么？是向谁诉说这个营销计划？是向上司、客户经理还是渠道商？

问到这一步，他们才发现，自己根本没有思考到底要向谁呈现这个营销计划，而只想到了要怎么干。而且，不管向谁说，这里也只回答了“怎么做”的问题，而向不同的对象说对方所关心的“怎么样”的答案也是截然不同的。

当该小组针对“向谁说”“怎样说”等问题进行详细思考以后，进一步确定了该终端营销是针对渠道商展开“十一”小长假前的动员活动。有了明确的场景，未来再进行目标的设定与结构的构建便显得简单了很多。

通过后面的步骤，我们进一步确定该营销计划的具体目标：

① 希望渠道商可以全力在“十一”小长假促销中完成终端销售计划。

② 知道使用怎样的方法卖出旧产品、推销新产品。

之后，我们又根据渠道商重点关心的“卖什么”“为什么而卖”（或者说，对他们会有怎样的好处）与“怎样卖”的问题搭建起了完整的结构图，如下页图所示。

很显然，这次搭建起来的结构图更清晰，而且对于说服对象“渠道商”而言更有说服力。

当你能够依据目标设计自己的对话结构，同时确保你所做的任何事情都是聚焦于个人层面上，而你所说的内容又符合“有意义、有逻辑与有价值”三项内容时，你的阐述往往会产生更多的积极作用。

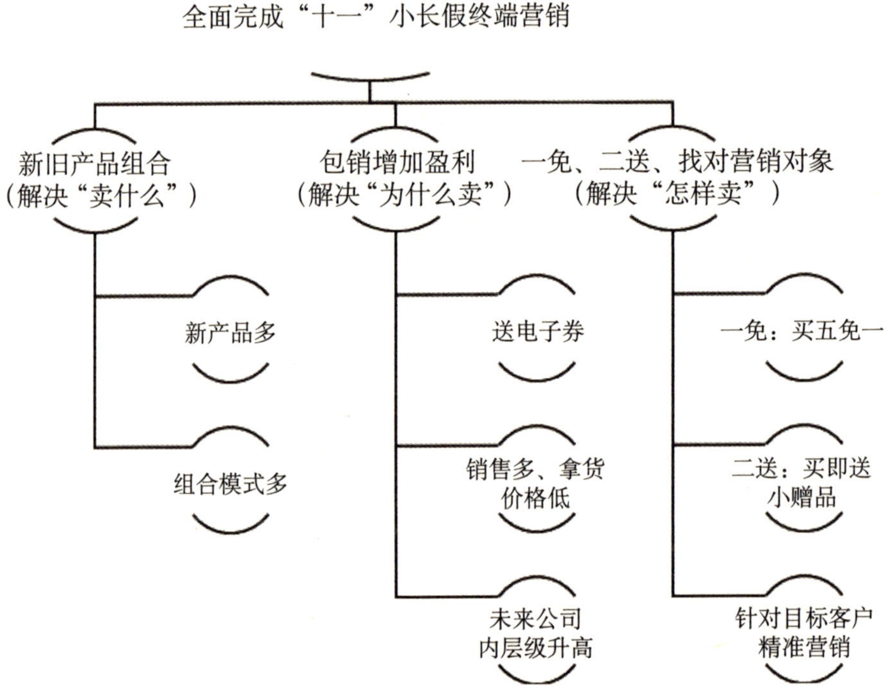
全面完成“十一”小长假终端营销
新旧产品组合
（解决“卖什么”）
包销增加盈利
（解决“为什么卖”）
一免、二送、找对营销对象
（解决“怎样卖”）
新产品多
组合模式多
送电子券
销售多、拿货
价格低
未来公司
内层级升高
一免：买五免一
二送：买即送
小赠品
针对目标客户
精准营销

第三章
主题先行：有目标的表达才能彰显意义

当明确了自己的最终结论后，你便明确了自己下一步的工作主题。此时，有必要运用结构化思维，依据结论形成的主题，建立起纵向架构：如何以结论为起点，建立起以上统下的说明结构？如何让自己举出的每一个例子、道出的每一个观点都为“佐证”结论而生？

1．MECE，实现主题下的有序整理

想要利用 MECE 整理思维、展开对话，你就必须明白什么是 MECE 的源头。MECE 是为了更好地实现“系统化思维”而产生的。正如我们之前说过的，系统化思维被称为“以终为始”式思考方式，落到商业中，便是以“目的”为原点。

我有一位高管朋友曾经多次刷新集团内最高销售额。每一次在接到新的项目时，他都会准备好纸笔，先将“目的”写在纸的最上端，然后将“目的”进一步分解成具体的“目标”“关键指标”“关键点”。

打个简单的比方，在如“双十一”“双十二”等网络营销的关键时期，

他会列出团队在这一时期的“目的”是：在突出产品特点的情况下，完成销售目标。将这一目的分解后，他便可以列出诸多的关键内容。

目标：完成 3000 万元的销售额。

关键指标：流量、转换率、客单价。

具体手段：站外流量、站内流量等。

关键点：展开产品预售、进行红包发放等。

而在“目的”的统率之下形成的系统化思考，所为的都是一件事，或者说完成一个“关键主题”。在逐一整理、层层分解以后，他在向团队内各个部门进行任务分配时，往往会表现得理性而有魄力。

借鉴系统化思维的有效性，我们在进行意见或想法的表达时，也理应建立在一个“关键主题”的基础之上。

明确“关键主题”这一执行规则似乎显得简单而直白，令人难免产生“太好操作”的误解。不过，正是这种反应，往往会使个人表达产生诸多的问题：我们的大脑都是有惰性的，当你认为“关键主题”非常容易确定时，你的思维便会直奔下一个阶段。可是，仅就表达而言，只有精确地借助系统化思维确定出关键的主题，你才能真正有效地表达。

一次性界定关键主题并不容易实现

你面临的议题越大，你一次性界定关键主题的想法便越难实现。相反，很多时候，你需要多次反复才能明确。不过，值得注意的是，关键主题的界定永远要从你的听众入手：你需要了解他们的问题所在。

这里的难点在于，由于受困于一时的处境或个人角色，你的听众可能关注的只是主题的表面或主题的副产品，而非主题的核心所在。在为那些想要在职业生涯中走得更远的管理者进行辅导时，我常常会花费很多时间练习如何界定或明确针对特定情形（比如，率领的团队遇到攻关难题）的关键问题。这种训练非常有必要，因为想要成为更出色的管理者，你就必须有能力去系统化地思考自己所面临的问题。

下面是一些管理领域中经常在明确关键主题时作为起点的问题，而这些问题往往是针对特定的问题与项目展开的。了解这些问题，并知道它们大致的系统化组成，对于你实现主题下的有序整理大有帮助。如下图所示。

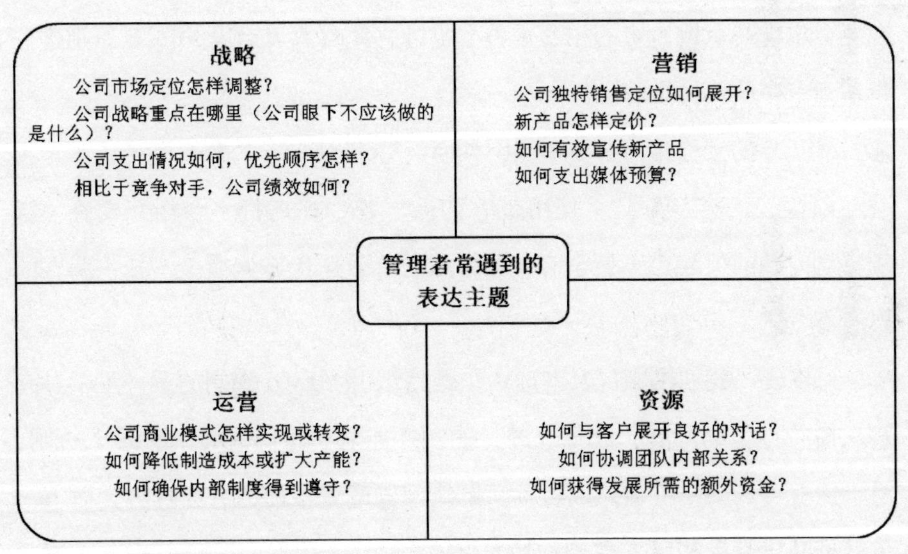

运用 MECE 原则实现有序整理

确立了主题以后，我们便需要思考那些有可能对问题产生影响的关键因素，或者提出解决问题的方法与证据。

比如，针对“我要增加某产品的销售额”这一问题，你或许会提出诸多的解决方法：

① 促销。

② 降低单位成本。

③ 尝试与单包销售不同的销售方式，比如整箱销售。

④ 改善货物摆放方式。

⑤ 调整销售员的负责区域。

此时，便会产生诸多的重叠，因为④、⑤从本质上都是降低单位成本的方法，而重叠意味着你在接下来的阐述可能会令听众困惑。这便揭露了主题下佐证的一大难题：如果个人面临过多的证据与信息，在这一阶段便难免会出现观点或内容的相互重叠与抵触。此时便可运用 MECE 原则进一步达到有序整理的目的。

MECE 的全称为“Mutually Exclusive Collectively Exhaustive”，其意为“相互独立，完全穷尽”。使用该方法后，各个观点将不会相互重叠、抵触，对问题的检视也不至于有疏漏，从而有效避免以偏概全、挂一漏万的思考盲点。

可以说，我们刚刚提及的确认主题是运用 MECE 原则的第一步：只有辨识出了当下的问题、欲达成的目的，才能着手进行思维的整理；否则，思绪便有可能围绕着对达成目标、解决问题毫无帮助的方向打转。而下一步就是寻找符合 MECE 原则的切入点。

◆ 找到与 MECE 原则相符合的切入点。

这是思维分析过程中最困难、最关键的一个步骤，在我看来，寻找切入点最好的方法就是分析眼下的主题与主题的目的：你希望通过有效的思维解决哪些问题、得到什么样的结构，从而构思出有意义的分类切入点。

比如，在讨论商品开发等以“公司”为主题的议题时，你便可立足于

“3C 策略”开始整理证据与资料。如下图所示。

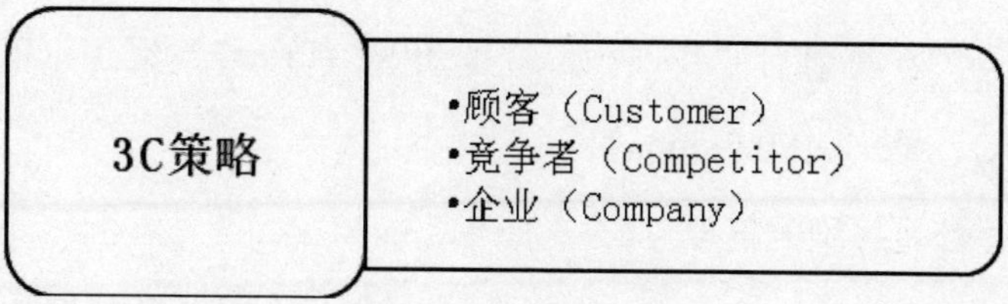

3C策略	•顾客（Customer） •竞争者（Competitor） •企业（Company）

拿“在原有产品基础上研发 A 产品”议题来说，按“3C 策略”分析起来，可展开为下述模式。

顾客：新市场中可见需求范围太广，眼下我们的主力商品无法满足顾客，所以看似销量不错，实则潜藏着很大的不足。

竞争者：因为我们本身进入的是细分化市场，再加上在技术上占据一定优势，所以近期内并不会有与我们抗衡的产品出现。

企业：该领域对我们原有业务的加乘作用大，而且在商品制造上可发挥较大强项。

按这种形式分解主题，便能够实现较理性化的阐述特点。

不过，如果始终想不出明确的切入点，那么也可以先思考一个母体所呈现的特征，然后再找出与其相对应的概念是什么，毕竟“A”与“A 以外”这种分类与 MECE 原则永远契合。

◆ 借鉴已有的各类框架分析法。

想要从信息大山中找出可用于主题的信息，并将它们运用于自我表达、阐述的过程中，我们就必须具备一种洞察信息本质的“框架力”。

这种“框架力”指的是，信息进入我们的大脑时，我们可以随时给它们贴上标签，区分它们的类别，并将它们保存到恰当的“抽屉”里。有关这种“框架力”的例子在管理学中比比皆是。

① 商业用语中有“3C 策略”，即顾客（Customer）、竞争者（Competitor）、企业（Company）。

② 市场营销有“4P 原则”，即价格（Price）、渠道（Place）、产品（Product）、推广（Promotion）。

这些都是思维的框架。

其实，生活中的框架例子更多：我们常常会对各种情况分门别类地进行总结，并最终形成诸如“3 条小原则”“5 个小方法”等条目，而这些条目其实就是框架。

在企业里，一个业务员可以利用“3C 策略”的框架轻而易举地将信息分成该公司相关商品的信息、相关客户的信息与竞争对手的信息等，从而实现对信息的管理与分类，并在遇到问题时具体地拿来运用。

利用“4P 原则”的框架，企业员工也可以分析出自己公司的产品与服务为什么劣于竞争对手。更重要的是，当市场上出现了大受欢迎的同类产品时，利用框架也可以分析了解该产品为什么会受到如此程度的欢迎。

不过，在利用框架时，个人必须依据自己的实际情况、遇到的具体问题亲自构建自己的框架。唯有如此，自己搜集到的信息与资料才会更便捷地为自己所用。

◆ 从大分类中思考，是否还能以 MECE 原则再细分。

有时候，你可能已经完成了初步的证据分类，但由于切得太过宽松，以至于无法从中得出有意义的资讯。比如，在分析客户资料时，“男 / 女”分类固然能够完整地区分所有客户的名单，但对行销并无多大帮助，还必须依据“职业”“收入”“年龄”“所在地”等变数进行细分，才可决定在阐述时到底要运用哪些资料佐证观点。

通过上述步骤，你便可以在主题之下建立起有效的系统化思维，进而拆解主题并寻找有效阐述观点的方法。不过，要活用这一系统化思维并不容易，尤其是要找出既符合 MECE 原则又具有实用意义的问题切入点，更必须透过广泛检视与深入思考才能达成。

2. 从对方最介意的地方入手

若你的证明是为了传达新信息而展开的，便很容易让对方就新信息内容与逻辑产生如“为什么会这样”“怎样才能这样”“为什么你这样说”之类的疑问。而解决此类疑问的关键就在于做到主题先行：站在对方的角度设想问题。

有一次我去一家知名企业授课，当时授课的对象是集团内各个业务单元的财务主管。在业务单元下开展财务管理，不仅要完成简单的财务结算管理职能，同时更要从业务部门的战略角度出发，使财务数据能够参与到业务策略制定过程中。

该公司的首席财务官找到我时指出，本次授课面临的问题主要有两个：第一，这些财务主管在进行工作汇报时，总是以汇报财务数据为主，没有结论；第二，汇报时被几个问题就问倒了，不知道该如何回答。

在深入了解之后，我发现，造成这种情况的主要原因很简单：财务主管并未站在决策者的角度出发，从战略层面上看待财务问题，在汇报以前，未能换位思考公司的董事会关心哪些问题，以及这些问题的相应答案是什么。

这也是管理者在表达过程中最需要关注的问题之一：信息传递者与信息接收者的关注点往往有极大的差异。想要实现主题下的有效表达，你就必须先重视起对方所关注的内容。

重视起对方的关注点

不管是演讲还是汇报，许多对话专家都会反复谈及“引发共鸣”这一话题。怎样才能更全面地理解“听众的共鸣”呢？最好的方法就是遵循营销界的经典法则：区别产品特色与客户利益的不同。当你将任何一场对话的重点从自己关注的“表达主题”转移到听众的“关注点”上时，赢得对方注意力的概率便会大大增加。

想要让表达达成这一效果，你就必须站在对话者的角度审视自己、自己的话语、自己的观点。

在对客户展开培训时，我常常会扮演潜在的投资者、消费者或合伙人的角色。在准备培训材料时，我也往往会从客户的角色出发，针对的客户若是营销部门管理者，培训的重点便必须围绕“如何让表达提升营销”展开；针对的客户若是推广部门管理者，培训的重点便需要围绕“怎样设计才能使推广实现点面结合、效果倍增”展开。

了解对方的需求

要让你的表达卓有成效，了解你的听众是必要的。如下页图所示。

想做到充分的了解，事前的调查与研究必不可少。这就如同一个成功销售的过程，优秀的销售人员往往会花费大把时间去了解自己的客户：

他们为什么要使用这一产品？

他们是如何使用该产品的？

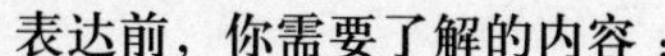

表达前，你需要了解的内容：

· 他们对什么感兴趣？
· 他们在乎什么？
· 他们面临哪些问题？
· 他们有哪些偏见？
· 他们有什么珍视的理想或渴望达成的目标？

他们在财务上有什么样的限制？

本公司的产品有哪些竞争对手？

该产品是如何帮助他们达成个人或组织目标的？

只有立足于这些内容，并将之当成表达的主题，你才有机会、有可能充分地知道在表达的过程中如何调动起他们的积极性。

5W2H 确保你的关键词被全面覆盖

设想问题不周全的情况常常会在表达过程中发生。一位软件公司的售前工程师去客户处讲标，整个过程特别顺利，20 分钟时间赢得了近 10 次掌声，之后对方的老总也亲自过来祝贺说："您讲得真是太棒了，同时能请教您一个问题吗？您总重复的那个英文单词是什么意思？"大家知道他问的是什么吗？是那家软件公司的英文简称。这位工程师在现场演讲时大量引用了公司的英文简称，结果下面的听众压根就不知道说的是什么。因为没有回答清楚"是什么"这个问题，所以非常精彩的演讲结果也大打折扣。

因此，你必须确保主题内所涉及的关键词被全面表达出来。比如，如果身为某旅行社产品销售部经理的你想要进行一场高端欧洲学府夏令营的新产品推介会，你便需要基于“××夏令营是孩子的最佳选择”这一主题，设想下述问题：

家长们为什么要选择夏令营？

为什么要选择你们公司推出的夏令营？

夏令营的具体展开地点在哪里，会去哪些地方？

与市场同类产品相比，其投资优势在何处？

这其实也涉及 MECE 原则，而在关键词覆盖过程中，要想确保关键词不被遗漏，你可以借鉴 5W2H 原则，如下表所示。

5W

What：是什么？做什么？目的是什么？

Why：为什么？为什么这样做？理由是什么？原因是什么？

Who：谁来做？谁来负责？由谁来承担？谁来完成？

When：什么时候开始做？什么时候完成？最佳时机是什么时候？

Where：何处？在哪儿做？从哪儿入手做？

2H

How：如何做？怎么去做？从哪儿入手做？

How much：做多少？完成量是多少？合格率是多少？费用是多少？

列出这些问题，并不意味着你每一次都需要表达此类问题，但通过这一分析方法，的确可以确保你在换位思考的过程中做到更全面、更具体地考虑问题。

2W1H

不过，如果你感觉这一方法太过烦琐，那么你可以借鉴该方法的简化模式：2W1H 表达法。如下图所示。

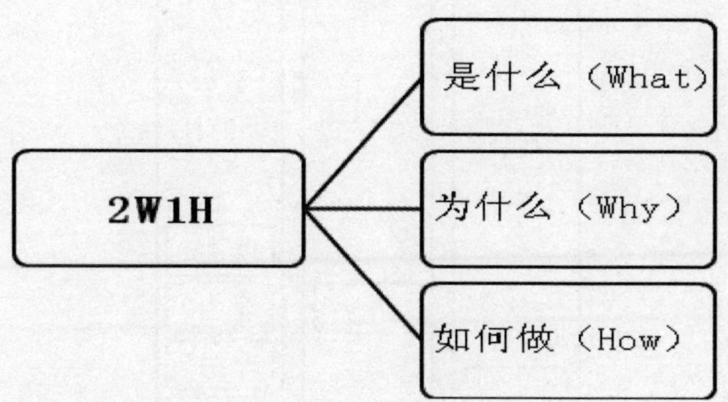

举例来说，你需要面对基层展开一场“把握客户特点，从此销售不难”的经验复盘课，你便可以搭建起如下图所示的架构。

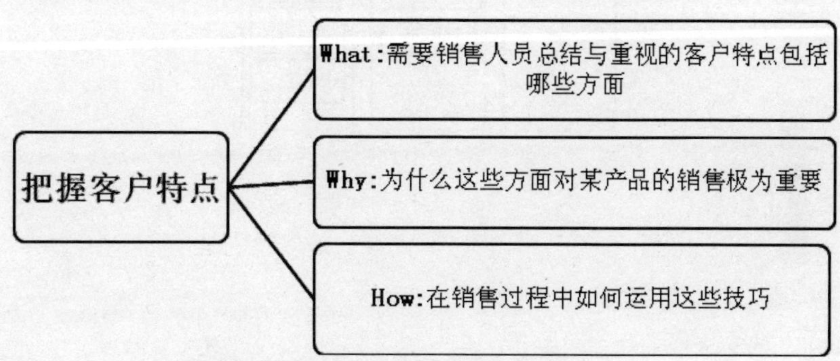

按照简化后的2W1H表达法，我们可以搭建起一个简易的“1+2+3”式思考与表达模型，如下页图所示。

其实，所有的表达都有一个终点，而这个终点到底是什么取决于你所面对的情形。为了到达终点，你需要对听众做到“三化”：化不理解为理解，化质疑为信任，化抵制为顺从。而从对方最介意的地方入手，采用技巧性的表达方式，无疑可以让“三化”的过程变得更简单。

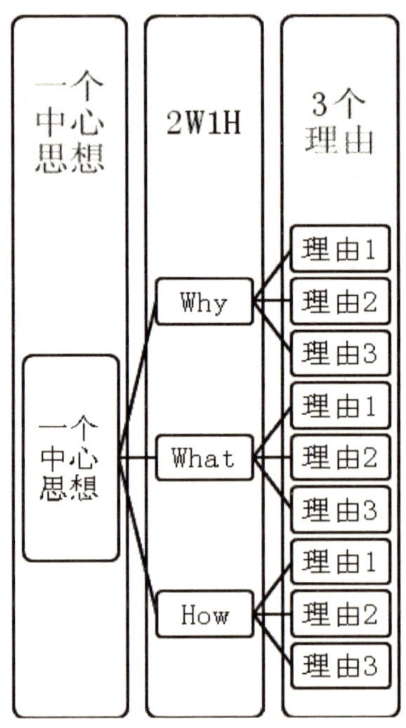

3. 有关信息，“重要”永远比“容易”优先

要想佐证观点，信息的搜集无疑是第一步。不过，你在寻找信息时，是先关注那些容易获得的信息，还是先寻找那些重要的信息？这便涉及信息所发挥的作用的问题。

想象一下：

你现在正开车前往北京，希望在那里的酒店度过一个晚上。可是，突然你的油箱警报器响了起来，它警告你，你现在只剩可供几公里路程的汽油了。如果你离自己想去的酒店只有 1 公里，那么，你接下来需要做的就是直接向酒店驶去——既然汽油够用，明天再加油也不迟。

遗憾的是，你现在还在高速公路上飞驰，而且路标提醒你，你离北京还有 100 公里——现在，你很可能并不确切地知道，酒店距离你是 120 公里还是 110 公里，但不管它有多远，你最正常的想法就是，寻找离你最近的加油站。

这是有关信息的第一个关键点：你想要实现结构化思考时，除非你清楚地意识到当你在寻找用于思考的信息时你的位置在哪里，否则，你根本不可能得到有意义的信息。

有时候，找出“我在哪里”并不是一个地理上的问题，它更是一个与你思考的主题相关的重要方面。

假如，你是一位在职人员，准备申请国外的博士学位。如果你不仅学业出色，而且还是运动健将，同时素来喜欢与人打交道，那么，这些素质可能会帮助你进入一所国外最有声望的高校，比如，耶鲁大学就极为青睐这种全能型人才。针对这一点，你虽然并不知道具体哪所学校更适合你，或者更愿意录取你，但是，你在应考的过程中会意识到自己应该且可以以此类大学为目标。

另外，如果你的学业成绩不错，但你的雅思考试成绩只能算得上刚过线，同时自己在其他方面的表现并不出色，那么，这一切都会使你在申请如沃顿商学院一样有声望的学校时非常困难。在这种情况下，你完全可以在国内选择一些本土的优秀高校，它们同样可以令你在学术道路上走得更远。

不管你是两种情况中的哪一种，你虽然还未获取有关申请过程的详细信息，但是你却明确地指出了“我在哪里”。在这个案例中，是学术与个人特性，而不是地理因素指引你向前，找到更适合自己的解决问题的思路。

清楚地了解信息的重要性是显而易见的。不过，当你处理这些信息时，“清晰”并非平常意义上的“显而易见”，而是拥有一个极为特别的意义。

决定什么样的信息是你真正需要的

正如我们之前所强调的，决定什么是你需要的对于信息获取非常重要。如果你驱车前往北京，却看到油箱指示灯在闪烁，你必须决定是去加油还是继续行驶，直到到达目的地；如果你是一位管理者，你所面临的问题很可能是帮助董事会解决“下一家新工厂设在哪里”。

在大部分时间里，决定你需要什么并不难。比如，在中午吃中餐还是吃西餐之间，你很可能只需要一瞬间的思考便可以做出选择。但有些时候，决定你需要什么就要付出一些努力。比如，你所面对的决策很可能并不是“新的工厂设在哪里”，而是“是否要开拓海外市场”，因为对你所在的组织来说，唯有公司业务范围进一步扩大，开设新工厂才不会成为亏损点。

确定哪些信息是你需要知道的

你邀请朋友在休息日到家里吃饭，你需要决定自己要为客人提供什么样的餐点。现在，你的任务就是，针对休息日的聚会餐，具体地列出一张单子，并按单子上列出的菜品购买相应的食材。

只有确定自己需要知道的内容，你才能依据搜索而来的信息更好地做出决策。如果你想申请哈佛大学这样有声望的大学，那么，你就要列出一张相应的单子，并在单子里添加你需要知道的各类信息：

学校的位置在哪里？

它提供哪些课程？

每年的学费与奖学金有多少？

与同类院校相比，它的优势在哪里？

有时候，你需要的信息能够列出的清单是如此之短，以至于你认为将它写下来是一件蠢事——知道油箱没油了，你需要做的只是寻找加油站、加满油箱两步而已。但有些时候，你需要列出的信息清单却很长，因此，将它写出来是非常必要的。如下表所示。

当你决定在一座新城市开办新工厂时，你需要知道的信息会有很多：
该城市的具体人口有多少？
存在哪些竞争对手？
具体的税务要求有哪些？

若你所选定的新工厂开办地是海外，那么你可能还需要考虑：
该地对进出口贸易的法规有哪里？
该地工会是否存在特殊要求？
……
这些信息极为重要，它们甚至会对你的工厂是否能够顺利开业、经营成功产生巨大影响。

你做的事情非常重要时，你应该给自己留出一些“静心时间”，用于列出自己需要的信息“成分”。当然，遗漏信息的情况总是会发生的，就如同有经验的家庭主妇也会时不时地在采购时遗忘一些东西。当遗漏发生时，你需要做的仅仅是再次补上自己需要的即可。

我们需要清楚的是，有些人对问题的佐证之所以会失败，关键在于他们忽略了搜集信息时最重要的两步：更清楚地了解信息；明确自己在哪里。这两步分析过程是“无形的”，而更多人相信，只有有形的行动才是信息搜集成功的关键。可事实上，那些导致失败的糟糕决策，关键在于未能认识到第一步和第二步存在与采取行动的必要性。

因此，不管你是在准备说服还是在针对问题展开思考，只要需要搜集信息，你都需要随时指出自己的位置所在，并确认自己的确是在寻找那些真正重要的有用信息。只有做到这两步，你才能离那些真正可用于佐证、运用的信息更近。

4. 说服必须在有原则的基础上进行

在面对有分歧的观点时，你会将沟通对象看作与自己面临同样处境的同事，还是单纯地将对方当作敌人，抑或将对方想象成朋友，期望以友好的态度获得对方的认可，并赢得情理上的先机？但是，上述对话模式皆存在其弊端，因为它们在解决实际问题时，往往会使你陷入僵局。

想象一下：你有一个弟弟，他在高中便已辍学。在走上社会后，不断参与打架斗殴，并欠下了一大笔赌债。不过最近他告诉你，他找到了一份新工作。在你看来，这是他要改过自新的表现。但是，几天之后，他告诉你：因为上班的地方离家太远，他需要买一辆自行车，而买一辆自行车需要 1000 多元——显然，他是没有钱的。在这种情况下，你会不会借给他？

再设想一下：你在一家公司工作。你的老板一直非常公平，但眼下他的经济状况不是太好——半个月前，他解雇了自己的秘书，并要求你为其做零碎的事情。你同意了，但如今，他期望你可以免费加班，帮助公司渡过难关。此时，你会加班吗？

两个人都是你生活中重要的个体，他们对你来说拥有重要的意义。这也使整个对话充满了困难：你不可能拿敌对的态度去面对自己的弟弟，更不可能与自己的老板因为加班而闹僵——除非你已经厌恶了他们在你身边出现，并且不再抱有任何期望与他们建立起关系。

但是，一味的妥协又让你陷入困境中：你不知道弟弟会不会拿钱再去赌博；你更不知道老板会不会变本加厉地提出更多不合理的要求。将他们想象得过于美好、过于恶劣，都是不恰当的做法。此时，你就需要"原则性谈判"帮助你摆脱困境。

罗杰·道森曾是美国前总统克林顿内阁最重要的政治高参之一，并被公认为当今世上最会就分歧展开对话的人。道森在实践中总结出的最出色理论就是"原则式对话"——这一对话方式的提出，不仅使他成功晋升为世界顶尖谈判专家，同时也使未来的分歧对话进入了一种全新的发展模式。如下表所示。

所有的分歧对话都可以归入以下三种模式。

硬式对话：关注自身立场、利益的维护，通过抬高、加强自我地位压倒对方，赢得胜利。

软式对话：以避免"空手而归"为目的，为了达成协议而做出让步，尽量避开冲突，总期望可达成皆大欢喜型协议，或至少签订彼此基本利益皆可满足的协议。

原则式对话：注意保持好关系，但同时主张调和双方利益，不会因为立场而纠缠不休。

原则式对话的使用者会将会谈对象当成与自己处于同一境况的同事，

他们之间既非朋友，也非敌人，而是在合作的基础上竭力寻求双方利益上的共同点，并在此基础上设想出多种使双方皆有收获的方案。

很显然，与硬式对话、软式对话相比，原则式对话能够带来更多的好处。不过，在运用这种模式进行对话时，你应将重点放在以下方面。

设定自我位置

在进入对话前，你必须先确定彼此的位置。

① 你期望达成什么样的目的？

② 对方的目的是什么？

想要检测效果，你应从以下两点做起 ：

① 将已定目标进行分类。

已定目标可以分为“必须实现”及“视情况可有所让步”两种。前者在哈佛对话小组中被称为“基本目标”，后者被称为“非基本目标”。

② 制定两限。

两限即最高上限与最低下限，最高上限表示可要求自己做到什么地步，最低下限表示可以让步到何种程度。

在进入对话前，先设定自己的位置，同时预先告知对方自己的最高上限，将会使整个对话朝着更有目标、目标更具体化的方向发展。

相比之下，最低下限的提法则更需要技巧——你必须等到妥协至不可能再妥协时，才能将自己的最低下限说出来。在此之前，即使对方试探，你也应严加保留。在最低下限与最高上限之间进行周全，正是对话的重点。

让共同基础优先，把对立问题放在最后

如果在对话开始之初双方的基本目标已经发生了对立，此时，若彼此各自坚持互不相让，则整个对话便有可能陷入僵局，甚至还有可能造成尖锐的对立，使双方的关系形成永久性的破坏。

道森认为，让分歧对话走向融合的最大技巧在于，从最简单的地方着手做艰巨而复杂的工作，这恰恰也是最聪明的做法。如果在一开始时对立情形就非常明显，那么，为了避免情况进一步恶化，聪明人往往会将对立的部分暂时放下，改从其他的共同点着手进行对话。

应着重于整体利益的进展

个体位置不同，相关的利益也会出现差异，甚至会呈现出相互对立的状态，这是非常自然的现象。但是，如果一味地采取硬式对话，势必无法顾全目标。因此，在对话过程中，除了坚持自己的目标，你还要侧重于将每一个对话要素区别开来。

① 区别人与事：对事实要强硬，但对人应保持温和的态度。

② 着重利益：不要再讨论对错，也不应强调谁强谁弱——将重点放在双方实质性的利益创造上，而不是为了表面的立场进行争执。

因此，你需要明白，如果你的最终目的并非与对方就眼下的问题争个你死我活，那么，对话对你而言便绝非一个仅需要注重己方利益获得的过程，而是一个既注重理性又重视情感、既关心利益又关心关系的过程。在对话过程中，采用原则式对话，不仅会对双方关系有所促进，同时也会使因关系破损导致的后续麻烦减少很多。

5. 不预设立场，全面考量双方想法

当你证明自己的观点或看法时，你需要明确这样的事实：证明之所以是必要的，其根本原因在于双方意见有冲突，这种基于既得利益或潜在利益上的各项争议需要双方通过恰当的沟通去解决。

不幸的是，很多人一旦谈及“证明”二字，便会保持竞争状态：他们与沟通对象保持距离，甚至不愿意直接对话，而是借助第三方传递信息，以间接的方式陈述自我意见、提出要求，并根据间接信息得出结论。因为双方都力图通过提升自我力量达到目的，因此，那些重要的数据、信息往往会被视为重中之重，双方真正的情绪、态度与需求也会被掩盖起来——大家都期望通过这种做法避免自己陷入被对方利用的不利境地。

很显然，在这样的观念影响下，分歧往往会产生，这些分歧不但对解决冲突无利，反而有可能使双方陷入更大的矛盾。

在哈佛经典案例课中，有这样一则有关分歧的案例。

一家公司正在被另一家公司收购，收购方是一家名为“勇敢者”的游戏公司，被收购方则是一家以模仿经典游戏而积攒下资本的“快乐的小鸡”。收购方认为，被收购方所提供的产品与自己的产品之间存在互补关系。其计划是：在收购“快乐的小鸡”后，再向顾客展开交叉出售，从而令两家的产品都获得增值。

当“勇敢者”将一笔相当丰厚的收购金摆在“快乐的小鸡”面前时，收购行动很快便开始了。但是，在收购正式展开后，“快乐的小鸡”一方

却发现，“勇敢者”的产品与其并不存在互补性；相反，若不针对已有产品进行修改，两者反而会构成竞争关系。既定的、想要通过交叉出售提升目标增长率的策略注定会失败，因为双方的产品都在面向有限的顾客群。

然而，“快乐的小鸡”向“勇敢者”提出建议后，其建议非但没有被接受，反而被认为是为了加价才这样说的——这使对话陷入了僵局。

分歧是日常生活中永远无法避免的常发性事实，同时也是促使对话展开的重要前提——我们经常会因为利益不均、目标不同而站在对立的立场上。不管是针对一块未平均分配的蛋糕，还是针对一项多达百万美元的合约，即使沟通的双方已经就某些方面达成共识，并且签订了或口头、或实际的合约后，也往往会发生分歧。

此时，如果我们能够意识到每个人的观察点、着力点与需求各不相同，那么，我们自然可以发现彼此的目标也有所不同。依据此观念，坦诚与信任便会建立起来，个人的感觉与态度、事实与需求之间往往会建立起沟通的桥梁，对话也将因此产生转机，令双方同时受益的创造性举措也将浮出水面。

不过，在此之前，我们需要了解的事实是：分歧为什么会发生？

不管团队之间、个人之间或者个人与团队之间的分歧隶属何种性质，针对分歧产生的原因、它的发展情况进行具体分析是非常重要的。从根本上来说，这是对话获得进展的第一步。因此，坐到对话桌以后，你应首先：

① 表达诚意，争取对方的合作，认清彼此的立场。

② 通过有效的沟通，了解双方的相同意见有哪些、分歧有哪些。

③ 了解过往，互表想法，找出分歧是如何产生的。

在对上万例大大小小的对话进行研究以后，我们发现，人们之所以会在一件事情上意见、立场相左，多是基于以下三个原因：角色不同，经验、经历不同，信息掌握量不同。

角色不同

意见分歧往往是因为个人在对话中充当角色不当而人为造成的：不管是你扮演角色还是实际工作的需要，它们都会对你的观点、情绪产生重要影响，而这些都是你在做出结论的过程中需要考虑到的。最简单的例子就是法庭上的辩论：原告与被告的律师因为扮演角色的不同，各有其拥护者，因此，他们对于真相或者事实往往有不同甚至相悖的认知。

鉴于我们对所听、所见的自信，不管你代表的是哪一种利益倾向，你很可能会表现出固定的倾向："我代表的是正义的力量，我才是应该胜利的一方。"这种姿态不仅可笑，而且往往是造成对话失败的最大原因——很多时候，它们是致使所有努力成空的重要原因。

在对话中，你必须摒弃这种"正义论"，而是学会接受对方的态度："我们只是角色不同，若我站在他的位置上，则很可能会做出同样的决定。"

这种态度不仅不会削弱你的力量，反而会使你了解对方的需求与面临的困难。而这一事实也会使你明白：优秀的对话者从不会受制于自己的角色，而是会借助自己的角色更好地完成任务、达成目标。更重要的是，只有当你真正具备了这种全局式的换位思维时，你才能够真正地学会创造性解决问题的方法。

经验、经历不同

我们看过的世界决定了我们想象的世界——这种主观色彩在对话中同样存在：在带着过往的经历看问题时，你很难看清事物的真面目。这也正是“千川映月”之原理：每个人都是一条河流，每条河流中的月亮都不同。一切就如哈佛出身的著名记者沃特·李普曼所说的那样：“我们都是个人印象世界的俘虏——实实在在的客观世界就是我们经历的世界。”

若你想要了解他人的想法，你便必须放下自己的世界，走入他人的世界；若你想要了解他人的行为，你便必须解读对方的情绪、人生态度甚至信念所在。你只有在知道了“他从哪儿来”以后，你才会知道“他将去往哪里”。

信息掌握量不同

网络时代，我们比以往任何时候都更容易被信息所困：在获取与输出信息的过程中，我们建立起自己的人生数据库，并将这些由日常生活中积累起来的信息运用到工作、生活、谈话、敌对中。

在对话过程中，我们往往会根据自己的最终目的，对手中所握有的信息进行有目的选择与取舍，同时对这些信息进行整理，使它们能够更有效地为我们所用。

显然，若在对话过程中双方使用了不同的信息库，那么，两方在最后得到的结果便有可能大相径庭——鉴于信息上原本就存在的冲突，后期交流的冲突只会增多、不会减少。

如果你期望在对话中将分歧控制在最小范围内，那么，我们必须相互告知对方我们的信息库——这里所说的信息库是广义上的，它不仅包括商业金融方面的相关信息，同时还包括我们的感情、想法与需求等。要想使对方了解你的想法，你不能指望对方对你“无言中知心”，你只能通过有效的信息交换，将那些使你产生想法的“信息源”告诉对方。唯有如此，你与对方才能更好地进行合作，才能够减少分歧的产生。

如果你不愿做到互换角色、体验对方经历、交换信息，不如再品味一下对话的重点：对话并不是一项通过各类技巧操纵、控制对方的活动，你的目的不是通过预设立场，将对方钉在“对立者”的角色柱上，而是需要立足于信任，建立起一种真诚的对话与合作关系。

虽然你与对方可能经历不同、角色不同、目的不同，但有一点你们是永远相同的：你们都期望自己的需求能够通过对话得到满足。你的需求不同于他，并不意味着你们将因此成为敌人。事实上，如果你愿意使用正确的方式、方法接近对方，那么，你们便能够搁置分歧，建立起互信关系，从而使彼此的需求得到满足，并最终实现真正意义上的共赢。

6．加入事实、统计、比较的元素

当你佐证自我观点时，事实显然是最需要纳入证明材料的内容。不过，在现实生活中，很多人都会凭借臆想武断地表达自己的观点。

“吸烟有害健康”已是常识，长期吸烟者更易罹患肺癌，也已通过临床数据的证实成为世人的共识。不过，在 2016 年，一位日本学者就“吸烟与健康”问题撰文，称“吸烟易引发肺癌简直是弥天大谎”。

这位日本中部大学的武田邦彦教授仅拿日本一国的数据举例称，虽然在 20 世纪 90 年代，日本便开始了禁烟运动，然而，随着禁烟运动的发展，烟民比例虽然减少，但罹患肺癌的人口却在不断上升。该学者特别强调了女性烟民与肺癌患者的比例：女性烟民基数未发生太大变化，但罹患肺癌的比例却一直在增长。按物理学的控制变量法来说，女性烟民基数不变，那么，抽烟便不是影响烟民罹患肺癌的直接与主要因素。

很显然，这样的说法听起来极其偏颇，事实上，如果武田邦彦教授想让公众接受自己的观点，那么他需要更多的证据。

当我们需要表明自己的观点、方案或主张时，其实就是要告诉他人我们对某事的看法。提供证据是向他人表明我们认为有意义的事情。但是，在现实生活中，人们在表述自我主张、方案时，往往用一个又一个的观点进行阐述，而很少甚至根本就没有提供支持这些观点的证据。

造成这种现象的一个原因是，人类心智是名副其实的意见加工厂，因此，大多数人有丰富的意见进行交流；另一个原因是人们易于记住自己的观点，而忘记他们获得这些观点的过程；第三个原因，在某些方面也更为重要的原因是，有时候很少有或者根本就没有什么可以记住的证据——也就是说，所说的观点并不是依据什么重要的东西。

我们也许借这样的观念聊以自慰，即头脑中有厚厚一摞归错档的证据，但真正现实的可能性仍然是，我们手中只拥有微不足道的证据。理性思考者受到诱惑也犯同样给他人造成困扰的自欺欺人的错误，但是，他们清楚抵制这种诱惑的意义。更重要的是，他们养成了在形成一种观点之前检查证据的质量和数量的习惯。而且，在表达观点之前，他们会对自己的证据进行温习，这使他们在谈论过程中的信心大大增加。

评价你自己和其他人的看法，你需要了解各种各样的证据。这就需要知道每一种证据的价值和局限性，以及提出恰当的问题。最重要的证据类型是个人经验、未公开的小道消息、公开的报道、目击者证言、名人证言、专家意见、实验、统计资料、调查、正规观察和研究评述。

重要的是要注意到，这里的排列不是按照可靠性递增或递减的顺序，而是按照熟悉程度的大致顺序：一个人的经验是大多数人非常熟悉的，而关于研究评述则不熟悉的多。

个人经验

个人经验是自身经历积累而形成的证据，也正是因为亲身体会、亲眼看到、亲耳听到，它往往会造成比其他证据更大的影响。毕竟，我们碰到的个人、我们所处的情境、对我们已发生的事情，与我们只是听到或读到的相比，看起来更加真实、更富有意义。我们对自己的个人经验充满信心。

令人遗憾的是，这种信心可能使得我们把更大的意义和普遍性附加于具体事件上，这是指超出了这些事件本身应有的意义和普遍性。比如，我们偶尔在纽约市乘坐出租车，那我们也许会认为自己熟悉纽约市的出租车司机；如果我们有一个韩国朋友，我们也许会觉得自己普遍了解韩国人，甚至普遍了解亚洲人。但是，了解纽约的出租车司机、了解亚洲人需要不止一个或一些例子支持概括；对于广泛的概括，即使十个例子也可能是不充分的。如下图所示。

让个人经验更可靠的询问方法

· 该事件是典型或独特的吗？
· 它们在支持结论的数量和种类上是充分的吗？要知道，一件趣闻轶事的生动性和戏剧性特质并不能弥补它的局限性。

未公开的小道消息

小道消息往往是我们从其他人那里听到的，这种证据最大的问题就在于它很难获得，且有可能经过多人、多次流转，从而使此类证据的内容可靠性大大降低。如下图所示。

让小道消息更可靠的询问方法
· 消息源自何处？ · 我如何证实自己听到的版本是正确的？

公开的报道

这种证据是各类出版物、广播节目、网络新闻、电视台的评价等。在学术作品中，通常会在脚注和文献引用中为材料的来源仔细地提供记录；但在非学术作品中，这种引证可能是非正式的、零碎的，或者在某些情况下并不引证。即使不引用出处，我们也能评价作者和出版商的可靠性。在现代出版物特别是在非学术作品中，事实和观点经常混杂在一起。因此，我们有必要仔细地阅读，以揭示哪些陈述构成了证据、哪些陈述自身应由证据来支持。如下图所示。

让公开报道更可靠的询问方法
· 这篇报道引用了所有重要信息项的来源吗？ · 这位作者有如实报道的声誉吗？ · 这家出版社或这位主持人拥有可靠的声誉吗？ · 在公开报道里，哪些陈述构成证据，哪些陈述自身应由证据来支持？（该问题的另一种问法是：一个慎思的人有可能质疑哪些陈述？作者令人满意地回答了这些质疑吗？）

专家意见

正如大多数人所期望的那样，专家意见通常比我们迄今考虑的大多数证据都更加可靠；它所享有的、超出个人经验的优势在于，它通常可以解决什么是典型的、什么是非典型的这一关键问题。

不过，你虽然需要尊重专家意见，但却不应迷信他们，因为在现代社会里，几乎每个领域的知识都处于迅速扩张状态，这使得哪怕是最出色的学者也很有可能难以跟上专业领域内的重要进展。更重要的是，专家的意见只在其专业领域发挥作用。如下图所示。

让专家意见更可靠的询问方法

· 除了在相关的广义领域的背景知识，这个人对正在讨论的特定问题有具体的专业知识吗？
· 这位专家是否收了费（这很可能会影响他的客观性）？
· 该领域内的其他权威是同意还是反对该专家的意见？

实验

实验室的实验能使研究者更改条件，从而更准确地找到原因和结果。但是，这种实验的缺点是它的人为性。现场实验具有发生在自然背景下的优点，但研究者的在场有可能影响实验对象，可能歪曲调查的结果。如下图所示。

让实验更可靠的询问方法

· 对于实验室实验，它已被其他研究者复制了吗？
· 对于现场实验，其他研究者独立地确认实验结果了吗？
若复制或确认的努力不成功，那么最好推迟接受实验的结果。

统计资料

从广义上看，统计资料这个术语适用于任何能被量化的信息。例如，通过一段时间平均气温的变化判定全球变暖的现象是否正在发生。统计资料这个词也可更狭义地用于意指关于某个群体的可量化的信息，这种信息是通过与该群体中每个人的接触或进行说明而获得的。地区甚至国家性的人口普查就是这个意义上统计资料的一个例子。

不过，正如美国耶鲁大学的统计学专家伯斯特·纳比所说的那样："虽然我们把统计数据当作我们发现的事实，而不是我们创造的数字……但统计数据并不独立地存在，而是复杂信息的总结。"他解释说，有时候，统计数据上的误差是有意义的，但更多的时候，"它们是思想混乱、无力、科学盲点或有选择的、自认为正当的做法之结果，这些做法产生的一些数字再度肯定其提倡者认为正当和正确的那些原则和兴趣点"。伯斯特建议在评估任何统计数据时提出三个问题：谁造出了它？在造出它时出于什么目的？它是如何被造出的？如下图所示。

让统计资料更可靠的询问方法

· 统计资料的来源是什么？
· 这个来源可靠吗？
· 从搜集该资料以来，一些重要因素发生变化了吗？

不管你遇到的是什么样的问题，当你越能重视起上述内容在自我意见、方案中的作用时，你所表达的观点便会越有力，你的方案、意见被接受的可能性便越大。

7. 提出利益最大化方案，让对方听完就心动

在对话过程中，我们不仅要立足于共同利益的满足，同时还要针对性地提出满足对方利益的方案：在相同的情况下，你怎么做，对方才会得到最大化的满足感？做到这一点显然并不容易，不过，我们可以从成功者身上学习他们的经验。

洪小玲是中国台湾商界的佼佼者。2012 年，为了进入自己非常有兴趣的网络产业，洪小玲舍弃了原来的高薪，毅然加入了中国台湾雅虎奇摩。据她自己介绍说，原本自己在美乐啤酒的薪酬水平已经相当于总经理，同时还有配车、健身俱乐部等多项福利，零零总总算下来，这次跳槽让她“失血”不少。

进入雅虎以后，她以亮眼的表现迅速晋升为主管。之后，这位新新女性从公司的立场出发，提出某些层级的主管薪资在业界的竞争力不足是导致公司人才流失的最主要原因。在经过公司整体评估后，洪小玲的想法获得了公司上上下下的认可——洪小玲不仅为自己争取到了高薪，也使更多的同事享受到了更合理的待遇，同时更使公司创新了积极的人才保留机制。

洪小玲为何能够获得加薪与晋升？她在与公司展开谈判之初并没有强制性地要求自己要获得多少薪水，而是以“先进入公司”为基准，这一基准使她在面临薪水下降所带来的压力时，依然可以始终保持自我目标。先进入公司、展示实力，然后依据自己晋升后的职位畅谈如何减少公司的人

才流失——一连串的行动如同行云流水。她向我们展示的恰恰是对话中的另一个基本事实：在对话过程中，如果你想要捍卫自己的利益，那么最好提出一个能够将彼此利益最大化，以实现双赢甚至多赢的方案。

与洪小玲所面对的与公司展开沟通、证明的过程相比，在大多数管理者展开的对话中，你所需要的可能就是一个承诺、一份协议。因此，在选择方案之前，不如先拿出纸与笔，试着草拟几份有可能的协议，并使用起草协议的方法帮助自己厘清思路。在对话过程中，这种做法永远不会过时。

当你列好了方案后，你应明确：对方很可能也在列这样的方案。所以，你的方案应尽量让对方感觉合理、公正、合法，然后你就可以将方案拿给对方看。

询问对方有何意见

使不同利益相互融合的一种方法是，提出几个你可以接受的方案，并询问对方："你倾向于认可哪一个？"

你只需要知道对方倾向于哪一个，而不是要求对方一定指明他们准备接受哪一个。在得到对方的答案后，你再根据对方所倾向的方案进行进一步的调整，并在随后提出两种或者更多的修改方案，并询问对方倾向于何种选择。这样，无须任何人做出决定，你就可以使方案得到逐渐的完善，直到该方案表现出既能满足对方利益又不损害己方利益为止。

这种完善方法的目的可以用一句话来概括：寻找你付出代价最少、能带给对方最大好处的方案。只要能够满足这一点，那么，双方在利益、观念、预期与风险等方面的态度就能够达到最佳的相容状态。

学会角色换位

在对话中很多人只顾及自己的利益，而很少注意到那些通过照顾他人利益而实现自我利益的方法。为了避免出现这种目光短浅、破坏关系式的对话，我们必须学会角色的换位：站在对方的角度上看待对话。

“站在对方的角度”上，是指站在真正握有实力的那个人的角度上。这个人很可能是一位不在对话现场的老板，也有可能是某个委员会。不过，当你想象对方的利益着眼点时，你不应将其想象成“×× 工厂”“×× 公司”这种抽象的概念，而应集中精力，听听对方某一员所提出的建议——他的建议将会使你对他们的决策过程有更清晰的认识。

从交谈对象口中得到信息时，你还应站在对方的角度上看一下自己的真实角色：在对话中，你的举动、你的言辞、你所做的工作是否对他们真有影响？你很可能认为，自己的某项决定是在帮助对方；但站在对方的角度上看，他们或许只是认为你在炫耀实力。

让自己完全地置身于对方的角色中，你就能更清楚地理解对方的问题，以及怎样的方案才能够解决你们所面临的问题。

考虑用交换创造价值

另一个创造新方案的方法是进行价值交换，你完全可以用自己在次要目标上的退让交换到主要目标。

当你与顾客、同事、供货商之间进行对话却陷入僵持状态时，不如打破原有的合作架构，展开交换策略，这种方法有可能使你用极小的代价满足对方的利益。

① 对顾客而言，延长 3 个月的免费维修服务很可能更具有价值。而在厂商来看，多增添 3 个月的免费维修服务并不算什么，因为它们并不会

增加自身的运营成本。

② 对公司其他部门的同事而言，你们办公室闲置下来的两台打印机对他们很有用，如果你肯交换，那么他们便愿意在你们部门繁忙时贡献一些“人力支援”。

③ 对员工来说，一周有两天在家工作，能够带来更好的工作体验、更高的工作效率。

④ 对供货商来说，延长一两天的交货时间，他们便能够在产能吃紧的情况下得到两天喘息的时间；可那些货就算按期交工，也只是先摆放在你的仓库里。

对别人具有高度价值但对你却并不算什么的事物并非不常见；反之亦然。在对话过程中，只要你愿意思考，你便能够发现这些交换机会，而这些机会就是在创造价值、在满足不同的需求。

顾及对方接受你的方案的后果

除了要针对自己所列出的方案进行全方位的角色考虑，你还需要从对方的角度考虑一下：这样的方案会造成怎样的后果？如果你站在对方的角度上，那么你最担心什么后果出现、最期望什么结果出现？如下图所示。

方案改善中你应该考虑的问题

- 如何让自己的承诺更可信？
- 对方喜欢哪些特定的东西？
- 对方是否期望得到一份最终协议？
- 对方是否期望发布通告？
- 对方是否会因为这份方案而遭受批评？
- 有哪些方法对你而言代价最小、对他们的吸引力最大？

有些不理智的对话者会通过威吓与警告的方式影响对手，但这种强硬的方式往往会造成负面的效应：在对方看来，这就是一种压迫性行为。其实，表示你愿意做某事，往往会让对方更容易接受。

在这种情况下，你应重视三个方面：

① 你要让对方明白，如果他们按你希望的方向做决定，则会有怎样的结果。

② 你要站在对方的立场上对那些结果进行改善。

③ 你要设想对方遭遇的批评与反对，并尝试着去反驳、回答这些反对、反问之声。

在复杂的形态下，这种创造性的练习是完全有必要的，它不仅能够帮助你理解与对方对话时所遇到的制约，同时还能够使你找到充分满足对方利益的方案，使对方做出的决定能够满足你的利益。

因此，先想出多种方案吧，然后从中选择，再寻找那些能够满足共同利益与不同利益的方案——这不仅能够让你拥有更多的主动权，同时也会让对方的决定变得容易起来。

第四章
逻辑结构：无懈可击的阐述便是说服力

罗素曾言：语言问题归根结底就是逻辑问题。如果你想真正地实现捷思妙言，组织与表达上的逻辑能力便是绕不开的问题。在一切思考与表达技巧之中，建立于逻辑清晰、抓准心理基础上的技巧才是真正有效的工具，在此基础上，击中对方的痛点，满足需求，才可以解决问题，获得你想要的结果。

1．将复杂内容条理表达的技巧

所有口才好的人在讲话时都会有这样的特点：他们逻辑清晰，非常清楚自己想要说什么，要通过怎样的方式说，要怎样在回答别人问话的同时又不至于偏离自己的原定主题。想必你也一定渴望拥有这种充满逻辑、严谨的说话方式。不过，你真的知道什么是逻辑吗？

逻辑，在很多时候被定义得过于理性化，它多用来表达“思维的规律性或规则性”，在对话过程中，一旦逻辑性表现得过于强烈，也会令人反感。说话没有逻辑、只懂得讲大道理，这实在是一件非常令人困扰的事情：明明有重要的事情嘱咐对方，但面对别人时却总是没办法讲明白，搜肠刮肚地找说辞想要说服他人，但别人却是越听越不服。语言逻辑性严重欠缺的人，说到最后往往会连自己到底想要表达什么都搞不清楚了。

在这方面，耶鲁大学著名管理学家哈尔·费舍的一次经历可以证明。

他受到一位企业家的邀请，到该企业给员工进行积极性教育。

费舍教授问道："你希望我教育他们什么？"

"能够促进员工积极性的东西，比如他们应对公司感恩，员工利益应服从公司利益。因为现在员工的积极性不高，管理者普遍反映，工作量太大导致员工越发难管了。"企业家回答道。

"你希望他们做到什么程度的积极？"

"有工作时主动承担，有加班任务时可以主动去做，对公司感恩，不要拿了公司的薪水还抱怨不停。"

"不好意思，我不能满足你。如果你买了商家的东西，你会感恩它吗？"

"开什么玩笑？我为什么要感恩？我拿钱来换的！"

"一样的道理。你的员工用劳动力换取金钱，他为什么要感恩你？他们的利益为什么要服从你的利益？"

工作不是公司单方面施恩给员工，它是一种双方的互惠互利——让员工感恩、让员工积极，这样的想法不仅没有丝毫的逻辑，而且内容混乱，连常识性的东西都搞错了。试想，员工怎能信服？这位企业家的问题其实也是很多人的问题：他们提出不合逻辑的要求，且给出了不合逻辑的道理。

费舍教授认为："很多人都没有意识到，从他们口中说出的那些不合乎逻辑的话语，只需要一根绳索就可以将它们绞死。"那些从表面上看来很有逻辑的话语，实际上根本经不起推敲。

"大道理多""纯粹的理论家"也是一种逻辑，但这种评价对你建立积极话语形象并无好处。其实，真正的说话有逻辑完全可以通过下面三个标准衡量。

说话有逻辑	
	你说的话是合情合理的。
	你说的话是简洁易懂的，能将自己的想法简明易懂地传递给对方。
	你说的话是与通篇内容（自我想要表达的主题）相契合的。

如果你一边号召手下的员工响应公司的“加班赶工”，一边又向大家抱怨“我也知道这样很累，我也非常不满”，那么，你的号召十有八九会失败。原因无他，你脱离了自己“说服员工加班”的主题——你连自己都不认可自己的主题，如何说服他人接受“加班”？

当你想让自己的话语变得更有逻辑时，你完全可以在参考“逻辑三标准”的前提下，试着让自己在表达的过程中做到以下三点。

表达明确的主张

在日常对话中，那些无关紧要的交谈，你完全可以随意表达；但是在正式场合，或者需要更谨慎地进行说明、提出意见或方案、发表报告、进行演讲时，你一定要先将自己的主张列出来，并恰当地传递给你的听众。

“我的意见是这样的……”

“我是这样想的……”

“我认为这样做会更好……”

不管你选择了怎样的方式表达自己的主张，你都需要先确定一点：你是否能够将自己的主张归纳成一句话？最出色的“一句话式归纳表达”的例子是新闻标题，打开报纸或各大网站，只要看一下标题，你就知道他们想要表达的中心内容是什么。

在一次成功的对话中，“个人主张唯一性”是有逻辑的典型代表。你不应该企图一次让别人接受你太多的主张，一个一个来是最好的办法，当你将一个主题说清楚以后，再开始陈述下一个。

陈述明确的理由

想要让别人接受你的主张，就必须使自己的主张有充足的理由。若你仅仅是“为了表达而表达”，而不陈述自己为什么要这么说，别人便会对你的主张产生质疑，而此时，一旦你无法做出准确而清晰的回答，别人将很难信服。

比如，一个瘦子问一个胖子：“你为什么这么胖？”胖子回答说：“因为我吃得多！”瘦子又问胖子：“那你为什么吃得多？”胖子回答说：“因为我长得胖！”

胖子的回答真是令人啼笑皆非。他回答瘦子的第一个问题时，是以“吃得多”为理由的；而当他回答瘦子第二个问题时，又以“长得胖”为理由。胖子的回答当然不能解答瘦子的疑问，这种论证就叫作“循环论证”，这种不明确的理由是说明不了任何问题的。

带入逻辑信号

带入逻辑信号的作用在于在同一主题下，当你从“该问题”过渡到“彼问题”时，有了逻辑信号的存在，听众便不会感觉唐突。

1933 年深秋的一个傍晚，年过半百的爱因斯坦专程来到柏林东区哈顿街工人学校，为工人讲解科学知识。一位中年工人好奇地问 ："爱因斯坦教授，听说您创立的相对论，世界上只有十几个人懂得，是这样吗？"爱因斯坦慢慢地吸了口烟说 ："唉，那不过是夸张的说法。"沉思片刻，他风趣地解释说 ："如果你在一个漂亮姑娘身旁坐一小时，那你只觉得坐了片刻 ；反之，你如果坐在一只热火炉上，片刻就像一小时，这就是相对论的意义。"

在这段对话中，爱因斯坦带入了逻辑信号，深入浅出地向工人讲解了相对论思想，让听众更加容易地接受。

值得注意的是，想要娴熟地利用逻辑说话的三要素需要长时间的锻炼与实践，最简捷的方法是，对比自己的说话方式，找出自己在某一要素上的缺陷，并进行刻意的训练。在生活中，你练习得越多、运用得越多，你的话语逻辑能力便会越强。

2. 谈话重点只要三个就够了

哪怕你晋升管理者已久，面对那些出乎意料的问题，也常常会感觉到慌张。举例来说，你可以想象一下，自己是下述场景中的主角。

在产品推介会上，你正在向公司的重要客户进行新产品的说明 ："这个产品的性能应该不需要我再多说，此外，其节能表现在同类产品中也毋庸置疑。"

当你口若悬河地讲述时，客户也往往听得津津有味。此时，你可能心里在想：“搞定了！”一个月来辛苦的团队工作终于有了结果。然而，对方却突然发话：“其实，昨天 ×× 公司也来介绍了类似的产品，与他们的产品相比，你们公司这项新产品的哪些方面更优异呢？”

在这种情况下，你要怎么回答这个问题？

再假设，其实你心里早已知道，客户所说的产品的确还不错。此时，你非常清楚后果：若不更谨慎地发言，那么这段时间以来的辛苦都将变成徒劳。

“这个……有关这一点……两个产品相比，在功能方面就有很大的不同，我们公司产品的功能还是很多的。还有价格方面……啊！价格好像一样……不过，我们公司的产品更环保。还有……我们的售后服务更加到位一些。”

如果你是客户，听到这样的回答，恐怕只会充满了不信任的感觉。在这种情况下，怎么做才会更好？

听听这样的回答：“两个产品虽然属于同类，不过，我们公司的产品明显更胜一筹。我这么说的理由有三个。”

先以这句话为定论，接着开始具体说明：“第一，我们的功能更多，×× 公司的产品在 A 功能上有诸多限制，但我们公司却……第二，我们的产品更环保，它所产生的污染物更少，可大大减少您在后续使用时的污染物处理费用……第三，有关售后服务，我们的品质是行业内做得最出色的。”

可以看出，这样的逻辑回答便显得可信多了。

这段回答的重点之所以很明显，是因为它运用了“3”的原则。心理学家证实，在所有的个位数字中，“3”是最具有简洁意义的，这也正是为什么大部分广告都会将时间控制在 3 分钟以内。

在日本，有一档名叫“3 分钟料理”的餐饮节目极受欢迎。可实际上，3 分钟不可能做好一道菜，而该节目的实际播放时间也在 7 分钟左右。但该节目之所以能够成为当红节目一直播放，就是因为“3 分钟”可以带给人“简单便可完成”的印象。

其实，观察生活中的实例我们可以看到，从过去到现在，当人们想要表达“短暂”“简单”的感受时，都会使用“3”这个数字。因此，只要提出“3 项”，人们会更愿意倾听与理解。

因此，如果你真的看重某项工作，那么最好将谈话的重点控制在三个以内。

真要做到将谈话重点展示为“3 法则”并不容易，在我看来，我们可以从构建头脑箱开始。

在头脑中构建箱子

如果没有提前在脑海中整理，你便很难将自己的观念、理念传递给对方，而构建头脑箱就如同一个拼图的过程：将散乱在头脑里的拼图一点点地拼在一起。

你需要在头脑中构建出 3 个箱子，然后在这些箱子上分别贴上“事实”“意见”与“感情”三个标签。准备完成以后，你便需要将自己脑海中存在的“想说的内容 / 事情”分别装入三个箱子里。

① 在“事实箱”中放入你确实看到的、听到的事实，以及被大多数人所客观认识的事实。

② 在“意见箱”中放入对这些事实进行解释后你的思考。我们常常会过于相信事实，或者将牢骚看成意见，而你需要做的就是将这些内容剔除，只把经过理性思考、谨慎选择以后的内容放入箱中。

③ 在“感情箱”中放入你的感情。不管什么时候，想要让对方理解你，为你展开行动，你就需要将自己的热情与诚意展示给对方。如下图所示。

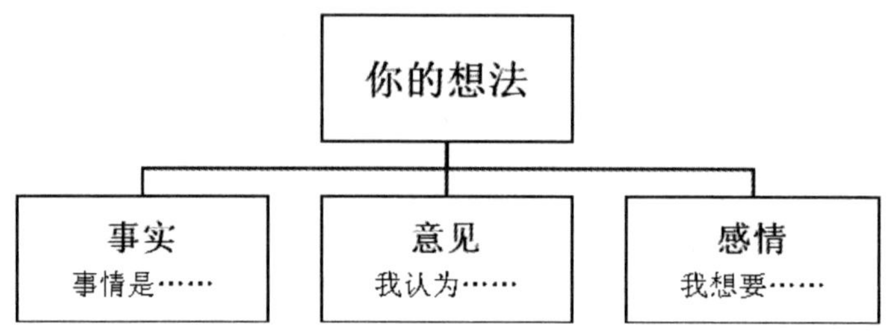

可以说，不混淆“事实”“意见”与“感情”，是你建立逻辑结构的关键第一步。

用三个箱子分类你的想法

在上文提到的新产品推介中，如果你还需要向对方表达自己的意见，而不是单纯地对产品进行说明，便可以这样分类。

在“事实箱”中放入“更环保”“服务质量高”等客观事实。

在“意见箱”中放入“我认为该产品未来会成为业界主流”“虽然定价一样，但两者质量相比，我们的产品明显更胜一筹”等你的思考。

在“感情箱”中则可以放入“我很期待这一次的新产品所展示出来的功能可以让您满意”“很期待您对它的评价”等你的感情。

这样的对话明显会更有逻辑、更合理一些。

向对方展示你的叙述路径图

想要避免谈话没有重点，你还需要借助“3 法则”限制自己在头脑箱中展示出来的内容。这就意味着，哪怕你的事实、意见、感情再丰富，你也需要在“3”的范围内进行阐述。

运用这种限制原则，你可以这样说："我有 3 个提案""我有 3 个意见""有关这一内容，我有 3 点要说……"如下图所示。

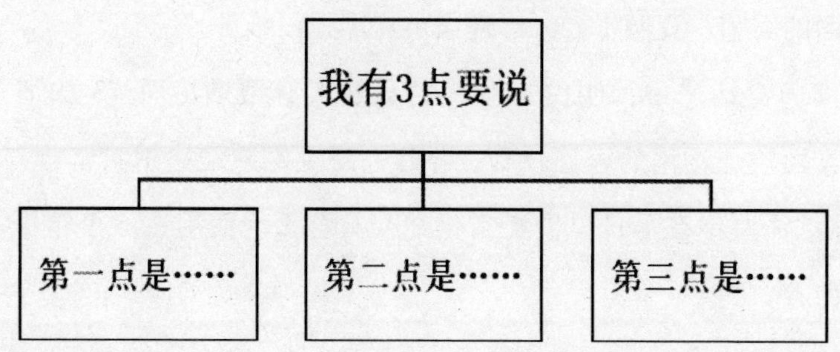

这种说法的最大好处就在于，在开始说具体内容以前，便已经限制自己天马行空地飘散话题了，而且，对方也会在潜意识中为你留下表述"3 个意见"的时间与精力，因为"3 个意见"意味着倾听并不需要耗费他太多的时间与精力，他更愿意集中精力倾听你的意见。

更巧妙地反问对方意见

如果你们发起的是报告、演讲、推介等你为对话掌控方的谈话，由于能够提前准备，那么你往往可以很容易地将谈话重点事前便通过头脑箱整理好，并一直控制在 3 个以内。如果你面对的是意外发生的对话，且对话中有至关重要的询问，那么，毫不犹豫地说出"3 项"便会变得很难：你可能想到了第一项、第二项，但迟迟想不到第三项要说什么。

其实，应对的方法也很简单，反问对方："最后是第三项（略停顿 2 ~ 3 秒），在您看来，您认为第三项是什么呢？"

以这样的方法应对对方的突然询问，对方或许会回答："该产品是否能够满足我们在维护上的省力需求？"

此时，你的"3 项表达"便会更有重点：你找到了对方所关注的重要信息，而针对这一信息回答，对方会更满意："这点毫无问题，该产品在全天候开启的情况下，您只需要 3 个月维护一次。如果您在购买后出现了使用方面的问题，我们将会派修理人员立即上门维护。"

在商务对话之中，明白一些诀窍显然大有帮助，而"3 法则"正是这样一个可广泛运用的表达技巧。不过，想要娴熟地运用头脑箱与"3 法则"，显然需要你在平日里便经常化地、有意识地使用这三个箱子，丰富箱子的内容。

3．尝试用流程讲清楚说话的重点

美国雪菲德行销顾问公司创始人乔伊·麦克科尔梅克曾经指出，在资讯超载的现代，人们的注意力已极度匮乏。根据他们对客户的研究显示，有 3/4 的人在简报的第一分钟便开始分心做其他事；听同事说话，若 15 秒内对方还没有讲到重点，便不想再听下去了。因此，如何在短时间内更快、更精简、更有条理地让对方抓住重点，便成为我们表述观点过程中的重要前提。不过，大部分人并不能做到这一点。

普通人的大脑往往是这样操作的：

周一早上，一如往常走入办公大楼的电梯里，不料却遇到难得一见的大老板。电梯门关上后，老板开口了："小 A 啊，上次你说的项目完成了吗？进度如何？"

还没有从周日的欢愉里走出来的你脑袋一片空白，不知是要先承认自己还未完成，还是先跟老板解释自己遇到了难以处理的麻烦，导致进度没有跟上。

此时，你心中的小剧场便开始了："怎么办？我是直接回答还没有完成，还是先说我做了哪些事？这个项目我投入了那么多的精力与时间，又带着团队东奔西跑地拜访了那么多客户，做了这么多，老板会不会因为没完成就全盘否定我们的努力？"

我们都期望他人明白自己付出了哪些努力，这是一种人之常情，但你付出了多少并不是他人最迫切想要获得的资讯。

先谈论过程是最错误的做法

很多人都会有这种经历，在说话时，特别是在讲到自身经验与过往付出时，常常在不自觉间讲了太多"过程中发生的事情"，而不是"最后的结论"，而这种以过程为表达中心的倾向其实是降低表达效果的极大因素。

特别是"甘苦谈"时，这种情况最明显。比如，在业务活动、商品提案或者产品说明时，许多人因为知道结果来得多么不易，因此更拥有迫切想要让他人知道自己付出的想法。他们往往在不知不觉间将"自己的付出、努力与辛苦"当成重点，花费太多时间在说明事情的"前因与后果"上，白白浪费了对方倾听的黄金时间。

我们必须搞清楚这样的现实：对多数听众特别是对客户、上司一类具有优势地位的听众来说，他们想要的往往并不是"经过"，而是"最终结果"。想成为能够更高效对话的管理者，最重要的就是事前明确思考以下四类话之间的差异，也唯有认知四类话之间的差异，才不会变成说话无趣、无重点的人。如下图所示。

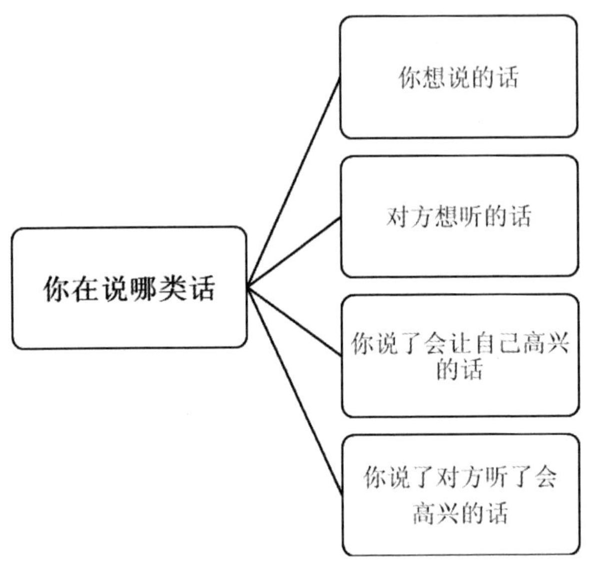

“要成为有魅力的说话者，最重要的就是事前明确思考想说的话和想听的话、说了会高兴的话和听了会高兴的话之间的差异”，唯有认清四类话之间的差异，才不会变成唠叨无趣的说话者。

想清楚对方想了解的重点是什么

在展开对话时，你首先应想清楚对方想了解的重点是什么。在案例中，老板明确想要知道“任务进展得怎么样了”，更多时候管理者可能会遇到“重点不明”的情况。在这种“重点不明”的时候，你便需要反问他到底想知道什么：“您的意思是……”“您说的是……”使用这种反问的方式，有很大概率可以知道对方想了解哪方面的内容。

利用交集信息

另一个找准说话重点的关键在于利用交集信息。在一场成功的对话中，交互信息是一件极其重要的事情。你的客户问你：“最近工作还好吗？”他肯定不是想听你说你在工作中遇到了多少令人沮丧的事，而是想知道他和你展开合作的那项工作怎么样了。

说话不注重交集信息是一种以自我为中心式的思考模式，它会让你在无意识间忽略整体信息，而只由自己周遭的一小部分事情开始谈起。可是，这些小事往往缺乏“共同经验”，这就意味着，哪怕你讲得再精彩，对方也不会感兴趣。所以，关注你与对方的交集处，便很容易弄清楚对话的重点是什么。

适用于紧急回答的 SDS 结果法

该方法适用于事情紧急或被临时提问时，它的重点在于，先对事情的全貌进行阐述，并将主导权交给对方，在对方获得了急需的答案以后，再由对方决定对话是否要持续下去。一般情况下，这种对话出现在具有优势地位的对方让你回答问题时，对方通常是你的领导或客户。

其具体操作如下：

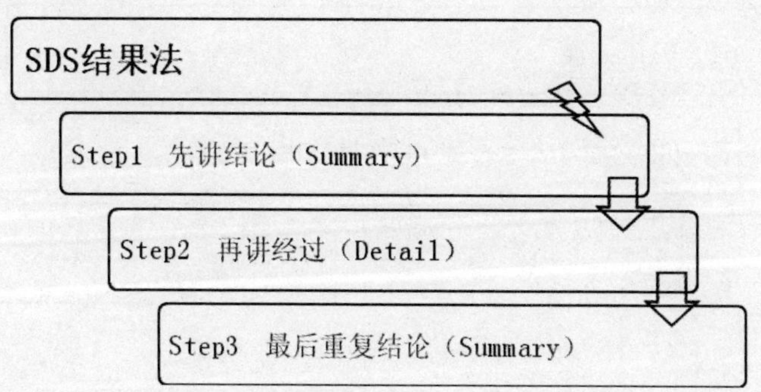

比如，老板突然问你某项工作的进展。

老板：上次你说的那个合作项目完成了吗？进度如何？

你：还没有。因为合作厂商那边的流水线出了一些小问题，需要 3 ~ 5 周才能解决，所以我们还需要一些时间确定这个项目接下来的具体行动计划。

当老板问起你某项工作时，他其实并不关心你遇到的问题，他最关心的是你是否完成了。在这种对话中，你需要先给出他最想要的“结论”。

如果结论并不尽如人意，你便需要补上“经过”，即合作厂商那边的现状，最后再强调一次结论：这项工作还需要一些时间来完成。

相反，如果你的结论已经达成了老板的期待，那么对方也可以选择结束对话。不过，如果他想要将对话继续下去，你便应在最后再一次重复结论，以确保你们之间进行的并不是一场无效的沟通。

适用于有明确方向的两面法

当你明确地知道对话的方向，或想要说服对方时，两面法便是你的沟通首选。如下图所示。

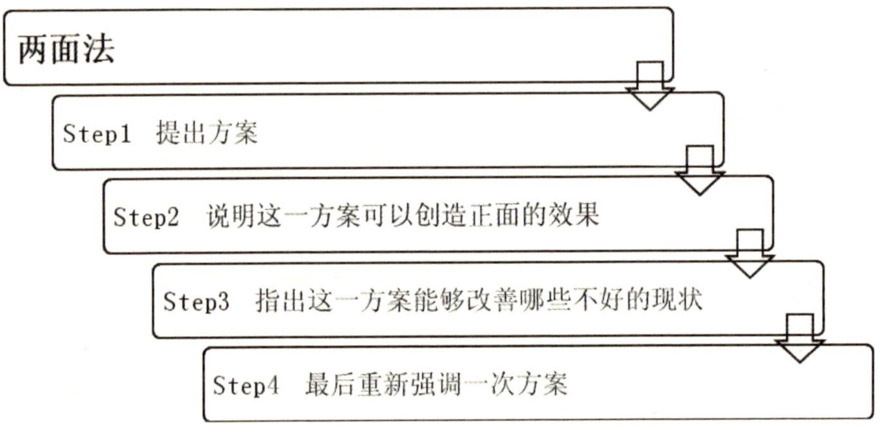

比如，你向老板提出增加客服新功能的建议。

你：我认为我们公司应该尝试使用电子客服。

老板：为什么?

你：眼下，我们有很多订单无法及时处理，增加该业务，可以提升回复率，增加客户的满意度。再加上许多客服人员有加班情形，导致他们的精神极度疲惫，影响了服务态度，这对我们的形象有负面的影响。若引入电子客服，则可恰当缓解人工客服的压力。因此，我建议尝试着引入电子客服。

其实，两面法算是 SDS 法的进一步延伸：先提出自己支持、认可的提案，然后再分别利用正面与反面的影响说服对方。一般情况下：

① 正面影响是指，执行该方案后，对公司会有怎样的益处。

② 负面影响则是，执行该方案后，可以使公司的哪些不良情形得到改善。

管理者需要注意的是，在进行细节的阐述时，应先说正面的影响，再说负面的影响。因为心理学早已证实，人们习惯对负面信息投入更多的专注，将负面影响置后，不仅能够让对方注意到你观点、建议所产生的积极作用，同时更能给对方一个提醒："如果不这么做，会产生哪些不良后果。"

4. 准备具体例子支撑主题

表述清晰、具体的例子是最好的逻辑说明方式，因为它可以让一个观念显得清晰、有趣，且能够让对方的头脑中浮现出一个你所描述的画面或者图像，进而充分地感受到你所传达的意境与内涵。

如果你的同事让你推荐一位电脑技术优秀的人员加入他的项目小组，在这种情况下，一般的说法是这样的："那小 A 吧，我感觉他是一名不错的员工，做事很好，很会帮助别人，工作效率也高。"

但这样的说法犯下了一般化的错误：小 A 的不错到底是怎样表现出

来的？你的同事其实并未完全理解。这就需要你将自己的描述进一步真实化、特定化。你所举的例子有越多真实化的东西，你的听众便越能理解你所说的。

这就如同作家描述事情或物体一样：好的文章能够让你看到自己的眼前有一幅画，并在脑海里浮现出那样的一个人。这就是知名作家在写作时常常运用大量动词与形容词的原因：这些带具体意味的词语可以让描述变得细致而不显啰唆。

不过，具体化描述的定义极难达到百分百的完整，一般情况下，你在描述时应尽量包括 5W1H。

5W1H 化对事项展开描述

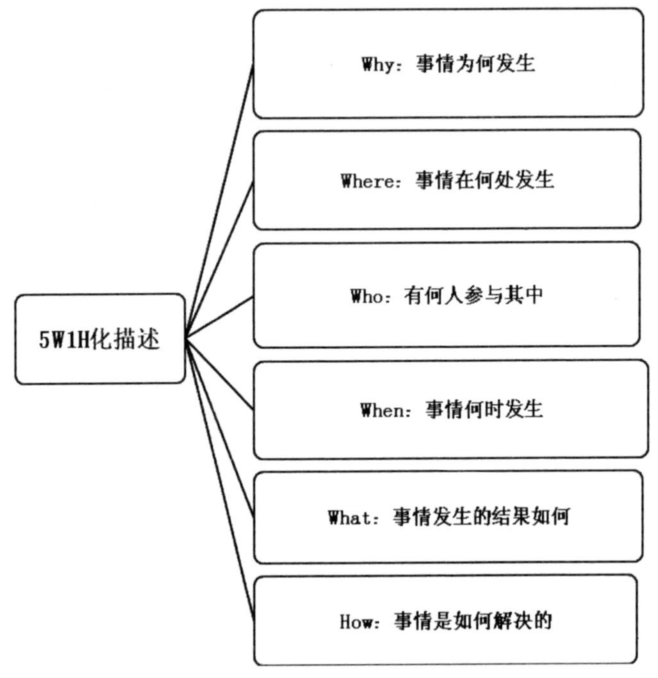

在增加主题可信度的时候，对上述具体化因素并没有硬性的要求，但是，如果能对它们多加运用，则可以更有效地传达自己的理念。

拿上面推荐优秀人才的例子来说，在使用具体化的描述时，你可以这样说："小 A 不错，每一次只要他参与团队项目，他便会通过自己的技术能力设计一些小程序，以提升同事的协作效率。比如，上一次他便做了一张流程时间管理表，大大方便了项目小组成员了解各项任务的时间进程。此外，他还有极强的团队协作意识，每一次同事加班，只要能帮上忙，他便会主动相助。更可贵的是，他的工作效率极高，一般人需要 3 小时才能做完的 PPT 与重要的 Excel 表格，他可能 1 小时就搞定了。所以，我强烈地推荐他。"

在这个例子中便运用了具体化的因素，增强了具体效果，同时更能证明"A 是一个可信的人"的主题。

补充与主题相关的细节

具体化是使例子产生说服力的关键，这就要求你一定要运用对方可以理解的事实与特定的细节支撑自己的主题。大部分管理者做不到这一点，往往是因为他们在激励、表达意愿的时候，总是习惯性地使用空洞的漂亮话。

我们先看这句话："小 A 个人非常优秀，简直到了出类拔萃的地步。"这也是很多管理者常出现的错误：使用形容词进行概括化的描述很难让人感受到你的主题，而多用"特别""非常"一类的词汇表达感受时，也并不能让对方产生相应的感受。

使用这样的说法，别人并不能明白小 A 有多么优秀，越这么说，别人心里便越有具体化的期待：小 A 到底有多优秀？他是怎么优秀的？可是，当你未能针对主题举出下文时，你说的话其实便没有满足听众的要求，对方便很难信服。

相比之下，这样的说法因为补充了以事实为佐证的细节，反而更让人信服：“小 A 真的是优秀到了出类拔萃，别的员工不愿意接待的、被定义为‘麻烦’的客户，他总是能够应付得来。每一次的优秀员工业绩表上都有他的名字，眼下，他已经连续三个季度拿下了公司业务部‘业绩最高业务员’的称号。”

这种立足于 5W1H 的说法是不是更好地展示出了小 A 的优秀呢?

要是这样说：“老胡这个人很有力气，农村用的抽水泵，他一个人就能搬起来!”这下你该知道老胡有多大力气了吧。“老胡这个人特别有力气”，这只是一个概括性说明，如果没有后面的描写，你怎么知道老胡究竟有多大的力气呢?

多用描述性语言

解释性语言往往是为了解释而生的，它往往带有极强的目的性，所以有时候很难让人信服。相比之下，描述性语言却有更少的观点代入、更多的事实描述，从而可以帮助对方判断事情是否可信。

比如，“那位客户脾气暴躁，所以我们那天的交流不太顺利”，就不如说“那位客户在交流中习惯毫无征兆地打断别人的话，而且太过坚持自己的意见，所以，那天我们没有得出具体的合作计划”。

“这一项目对公司生存意义重大，所以你们必须重视起来”，不如说“我们需要重视这一项目，因为它决定了下一年公司的盈利情况”。这样的描述最可贵的地方在于，它不会使人的思维分心，从而做到前后有序的一致与连贯性。

在与上下级的沟通中，描述性语言也有其积极的意义：你描述你所看到的、你所知道的事情时，便可以避免相互指责与埋怨，使每个人的注意力集中在“该做什么”上。这一点在指导下属时显得格外重要。

在面对“表格数字出错”这一因马虎而导致的常见工作错误时，很多管理者会使用“你看你，又这么马虎，怎么老犯这种错”的说法指导下属，但这样的说法显得太过武断，很容易让下属产生叛逆心理。

相比之下，“你看，这里的数字与财务部提供给我们的数字相差了5倍，这样做会导致后期运算出现极大差异。在A项目与B项目里，你也犯了两次类似的错误，下一次，我希望你对表格内容自行审核以后再上交”。这样的描述性语言提供了具体的实例，同时使用的语言是客观、冷静的，也没有强烈的不满与攻击性字眼，因此更容易让下属接受。

美国一位名叫诺曼·文森特·皮尔的牧师被誉为“上帝的信使”，他受到信徒爱戴的关键就在于他的布道极为出色。在谈及自己的信仰时，他说，将所有一切美德都具体化是最好的传播福音的办法。他告诉《演讲季刊》的采访人：“我所知道的最好方法就是使用真实的事例。它能让一个论点清楚、有趣，更具说服力。”管理者的工作在很大程度上也在立足于本职展开布道，而学习5W1H法，以具体的例子支撑主题，显然对传达自我理念大有帮助。

5．用数字思维凸显需求合理性

“数据才有说服力”这一说法如今已是管理界的常识，不管你隶属哪个部门，只要你想做好管理，想让自己的表达无懈可击，你就必须重视数据：只有通过一份漂亮的考核数据，人力资源部门才能更正确地考核绩效；资料部门则需要数据支撑各项资源的管理行动；财务部门更是离不开数据，他们全程需要与数据打交道。

市场营销部门也是用数据说话的先驱部门：在向上级汇报销售情况时，你需要通过纵向与横向数据的对比得出趋势；在向客户推荐产品时，如果有数据，那么你的说服力更强；在向管理层申请营销经费时，更需要提供数据，以便得到上级管理者在经费上的大力支持。

不过，我们到底要如何通过分析数据、利用数据体现出自我严密的数据思维，进而达成表达目的呢？

我们先来看一个例子。

1937 年，麦当劳与当时大多数快餐店一样，销售汉堡、猪排、甜甜圈等 25 种产品，不过，他们的销量并不乐观。

于是，当时的管理者制作了一份简单的财务利润表。通过这份表格，他们发现在所有产品中，汉堡所带来的利润占总利润的 80%，而其他产品总共才占 20%。

他们向麦当劳的创始人雷·克罗克建议，应砍掉其他 16 项利润不高的产品，改将汉堡当成最重要的产品；同时，利用低价策略，将汉堡价格从 30 美分降到 15 美分。雷·克罗克思量再三后同意了这一建议。

从那以后，麦当劳的销量与利润皆上了一个新台阶。时至今日，该品牌还借着最出色的汉堡产品，成功地发展成全球化的知名快餐品牌。

这便是数据的可贵之处：它是科学的衡量指标，可以帮助我们做出正确的日常决策。事实上，数据对于管理者的意义远大于决策：利用这种客观而科学地对待事物的态度，我们能够养成理性审视、逻辑表达的思维习惯。

那么，怎样实现利用数字思维表达？我将之分解为三个核心步骤。

用数据形成对比

一个数据单独地放在那里没有任何意义。比如，你告诉自己的客户，在他们的官网上，一个详情页的购买转化率为 8%。这个“8%”意味着什么？谁也不知道。

数据意味着什么，只有对比才知道。在进行数据对比时，我们可以采用的方法有两种。

① 横向对比，与同类产品比较。

② 纵向对比，与自己的时间轴比较。

在这方面，已逝的商业天才乔布斯最擅长。仅拿 2008 年的 Macworld 大会上召开 iPhone 200 天生日庆生会上他所讲的一段话便可窥见一斑。

“到今日为止，我们已售出了 400 万部 iPhone。若你用 400 万除以 200 天，就可以看到，我们每天平均售出 2 万部 iPhone。”

从“售出 400 万部 iPhone”这一数据入手，很多人或许已感觉足够，但乔布斯又引出了后来的一段话，从而使大家对“400 万”的销量与 iPhone 的畅销度有了更直观的认识。

不过，乔布斯并未就此打住，他又引用数据形成了对比：“在这段不算长的时间里，作为新产品，iPhone 已占据了整个美国手机市场 20%的市场份额。”他将整个市场上各个品牌的市场份额打在幻灯片上，其中，第一名是占比 39%的黑莓，第二名便是占比 19.5%的 iPhone，而这一数据相当于当时的老品牌诺基亚、摩托罗拉的市场份额总和——这种对比使整个数据说明既清晰又有具体的意义：20%的市场份额到底意味着什么，或许很多人并不清楚，但诺基亚、摩托罗拉是大公司，这些大公司的份额总和也仅仅等于 iPhone 的份额。此时，大家对苹果公司推出的新产品有多出色便有了一个更明确的概念，也更容易引发共鸣。

从数据追根溯源

你提出的问题很可能是一个大目标，如果想更有逻辑地说明它，就需要将这个大目标拆分成一个一个的小问题。

最典型的是电商领域。当销售额出现异常变化时，商家往往会从三大方面进行逐项排查，以确定到底是哪里出现了问题。

① 店铺的活跃度是否下降?

② 购买转化率是否降低?

③ 客单价是否下降?

也只有这样做，才能真正地定位到问题，再针对问题找到原日志，对用户的使用场景进行再现。

仅拿销售额下降的例子来说，如果通过调查发现销售额下降是因为销量下降，那么，你便需要查找原日志：是否进货渠道出现了问题？是否因缺货造成？发货是否及时?

通过层层询问，便可找到根源所在，从而让自己在阐述问题时更显逻辑与理性。

解读数据并回答问题

这一步也是数据会说话和数据会说谎的区别。

有关“数据会说谎”的例子有很多，其中有这样一个：支付宝当年代缴水电煤费的项目改版之后，缴费用户暴增，产品经理因此兴奋不已，认为新项目非常成功。可后来却发现，那几天只是水电煤缴费的周期性高峰期而已。

数据不会错，错的是人。想要让数据说话，而不是说谎，你就必须在表述观点、解答问题时注意数据的三个方面。

◆ 规避样本偏差问题。

管理者需要意识到这一现实：你选择样本进行数据调查时，你的数据其实就已经存在偏差：你选择怎样的样本，便决定了你会得到怎样的结果。比如，在微博上调查“你是否常使用微博”这样的问题，这种样本本身就存在偏差，因为调查对象并不包括那些不使用微博的用户。

◆ 远离因果关联错误与忽略关键因素。

这两个错误都会导致一个问题：强行将两个不相关的事物关联到一起。像上面举出的支付宝的例子，便是强行将用户代缴水电煤费的数量增长与新项目改版关联到一起。

◆ 注意重视前提。

有些数据的结论是基于某种前提或符合某一特定场景而提出的，但是，解读者却有意无意地忽略了这种前提，将结论扩大化——这便形成了逻辑谬论。如果你在表述问题时使用了这种谬论式阐述，便很容易被人攻击没有逻辑。

数据最大的价值在于真实，虚假与片面的数据只会形成误导。只有以客观与理性的态度调查、形成与阐述数据，并让数据客观而准确地呈现出已发生的事实，你的数据才能让人一目了然，知晓下一步该解决什么问题。

6. 从逻辑树中借力

如果你在表达时呈现出了自相矛盾的内容，那么，你便很难让他人信服。对于一位管理者来说，树立个人权威、展示管理能力的普通渠道就是展示出你有根据、有条理的逻辑思维。

假如公司有重要外派职位需要各层管理者推荐优秀人才，而你想向管理层推荐自己的下属小 A。

如果逻辑顺序不清，那么你的表达很可能是这样的：

“小 A 进取心、学习力极强，他每天规定自己看 2 小时行业信息，以提升理论指导能力；由于他的销售业绩突出，在去年全票当选成为部门经理。当时的竞争很激烈，谁都想争取到这一职位，不过，小 A 通过一系列努力，实现了这一目标。此外，他还是‘211’大学的硕士毕业生，在专业上有先天优势。”

“对了，他在入职以后还参加了针对性的口才培训，提升了自己的说服与表达能力；同时更有丰富的出差外派经验，且都极好地完成了任务。”

虽然运用了“不过”“此外”一类的逻辑信号，但其话语依然逻辑不清。这种前后不一致的阐述在逻辑表达中被称为“闭着眼睛的说话方式”，若真的拿这样的对话逻辑说服高层管理者，失败的概率将是百分之百。

此类没有将想说的观点组织好的现象，多是因为个人针对问题的思考并没有形成体系，也不够成熟，再加上没有下功夫筛选、排列、拓展自我叙述要点，才会造成想到哪、说到哪的情况。作为部分的要点叙述未能为整体的中心思想表述服务，因此，很难给人一目了然的清晰感。

如果你懂得逻辑顺序，那么你的话语很可能会是这样的：

小 A 进取心与学习力极强，是适合该岗位的优秀人才。我之所以这样说，理由有三。

第一，在担任部门经理前，他坚持每日学习行业知识，如今已对销售理论知识有着系统的了解。

第二，担任部门经理后，他参与了专业的口才培训，表达与说服能力属于中层管理者中的佼佼者。

第三，他拥有丰富的外派经验，且都出色地完成了任务。

相比于之前的想到哪、说到哪，经过调整后的说话明显逻辑清晰，先给出具体人选与推荐理由，就算决策层时间紧迫，也非常清楚你想要表达的是什么。而这种表达上的逻辑关系其实是结构化思考中的重中之重。

对管理者而言，相比于各类说话技巧，说话逻辑顺序的确显得更加重要：观点与想法是需要组织的，对于表达来说，总有一个表达者想要传递给听众的中心思想。那么，围绕着这一中心思想，你可以产生很多叙述的点，而这些点对于中心思想的支持力有高有低，其地位有轻有重，你需要挨个确认自己是否有必要叙述它们，因此，在叙述上往往有先有后。

如何围绕中心点更有逻辑地阐述？逻辑树分解法是一个有效的工具。

明确逻辑树的界定作用

不管一棵树的枝叶有多茂盛，只要顺着它的根枝向下追寻，便可以找到一个树干——这便是树的特点。

逻辑树分析法也有这样的特点：影响事情发展的因素有很多，它们就如同一棵树的繁茂枝叶一般，将问题的根本所在掩盖。此时，我们只要先对问题进行界定，然后将问题结构罗列出来，再将其中对问题影响不大的因素剔除，最后留下对问题影响最大的因素，便可以更清晰地掌握整个问题的关键，进而找出最适合问题的解决方法。

常用的逻辑树可分为三种，管理者可根据自己的表达需要甄选出自己到底使用哪一种。

是否树：适用于对问题及其结构已足够了解时

当一个问题摆在你的面前时，你应先应用是否树进行一次判断，以确定该问题是否是单一的、指向明确的、有价值的问题。有关如何“界定问题”这一点，我们在随后还会再次讨论。

是否树的主要形式在于，先提出一个问题，然后对这一问题展开“是”与“否”的判断分析。在分析以前，你对一些结果已有了标准方案：

若答案为“是”，便应用事先准备好的标准方案。

若答案为“否”，便展开下一轮判断分析，对具体情况展开具体分析，再根据结果得出解决的方案。

其具体表现形式如下：

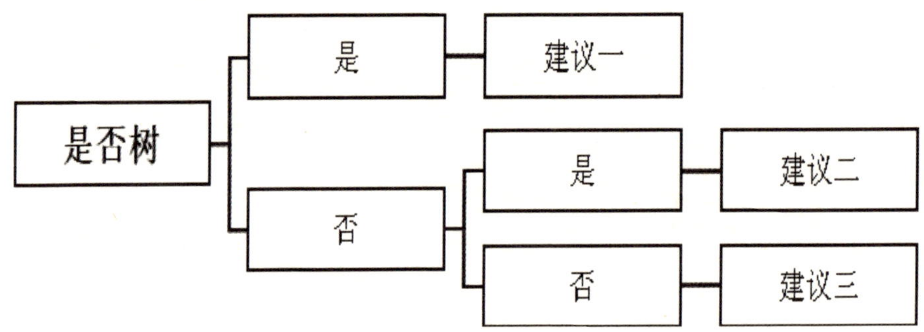

议题树：适用于解决问题初期

议题树是先提出一个议题，然后再将该问题细分为与其存在多个内在逻辑联系的副议题。在细分时应注意，你所分出来的副议题应满足两个条件：

① 它是可以分别处理的。

② 它是利于操作的。

该方法运用于解决问题的早期，此时，你还没有足够的、可以形成假设的基础，因此，可以以建议的形式操作该问题。如下图所示。

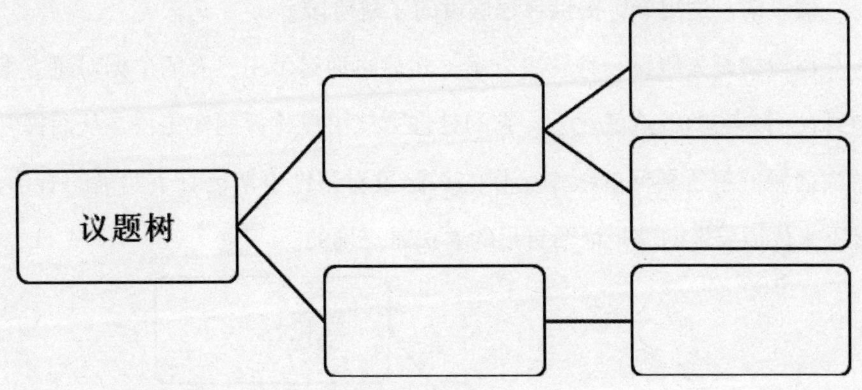

比如，主议题为“如何减少员工加班现象”，那么，根据议题树的逻辑，便可列出两个小标题。如下图所示。

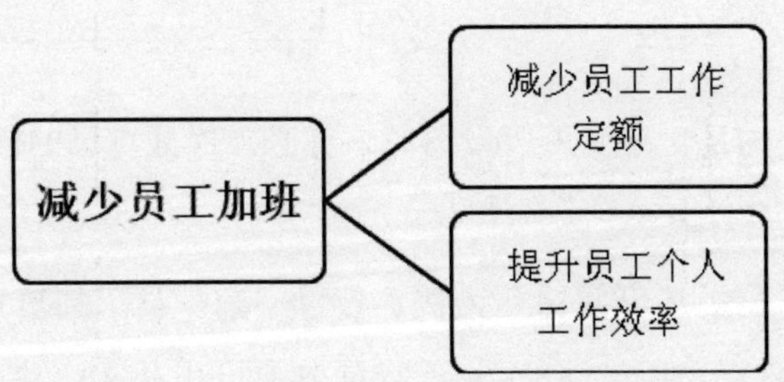

在该议题中，每一个副议题都是针对“减少员工加班”提出的解决方案，且“减少员工工作定额”与“提升员工工作效率”之间是并列的，与主议题之间的逻辑关系也是相同的。

在列出两个副标题以后，接下来便是以副标题为议题，展开下一步思考，即具体要怎么做，才能实现“提升员工个人工作效率”。而针对这一问题，可供参考的方法有很多，如请优秀员工传授经验、固定工作内容流程化、针对性提升员工专业技能等。

假设树：适用于可提供合理假设的了解阶段

假设树是先假设一种解决方案，然后再通过手中已有的论据对该方案展开证明。它的特点就在于，它的处理方式可以比议题树更快，从而提升解决问题、解答疑问的效率：你的头脑里对某件事情已有了明确的看法，接下来你需要做的就是证明自己的看法是正确的。

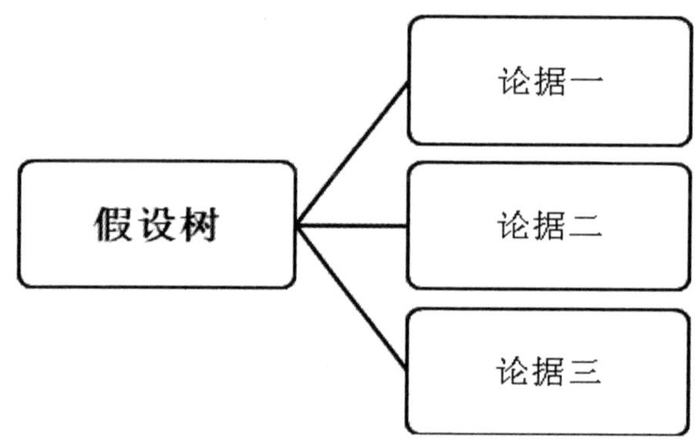

需要注意的是，在使用假设树时，你必须保证自己的假设是合理的，且手中的证据是真命题。

同样以“员工加班问题”为例，若以“减少员工加班现象对企业有利”为假设论证，那么，接下来，你就需要以为什么“减少员工加班现象对公司有利”为切入点，列举出具体的例子，对自己的论证进行阐述与说明。

列举时，如果可以从“加班会增加企业工作时间以外的水电开销，浪费公司资源”“加班影响员工对工作的积极性”两方面展开阐述，假设便是成立的。如下图所示。

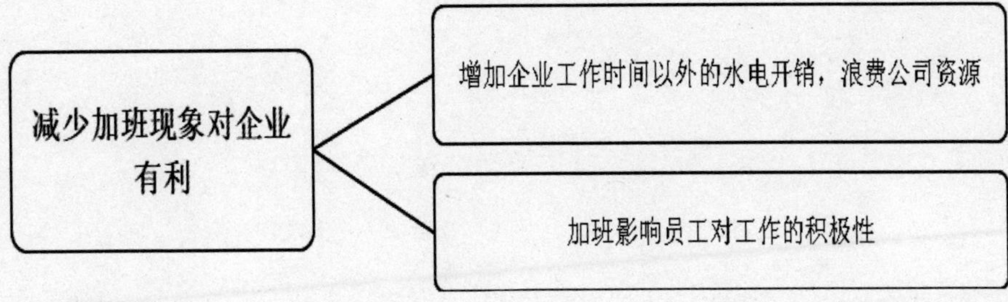

三种不同的逻辑树都有其适合的场合与问题，针对你所面临的问题，采取适当的逻辑树，能够帮助你更快、更全面地面对、把握问题，从而更好地表达自己对问题的处理意见。

第五章
横向比较：你的思维永远不会枯竭

横向思维是结构化思考的重要方面：当你找出了自己的重点以后，不要急着判断“它是什么”，而要尽可能地思考“它可能是什么”。进行了有效的结构化阐述后，这种水平方向多维度的审视不仅能够延展思路，同时也能够让你在阐述与对话的过程中找到更多有利于主题的论证。

1．两大步骤，明确主观陷阱

“这件事情绝对是这样的！”

“我相信自己是正确的！”

“你必须这样做！”

管理者在自我职责与职位的束缚之下，往往会产生这样的错觉或要求。这种错觉或要求背后的最终动力是人类的自我中心论：人类天生倾向于以自我为中心，从那些与自我有关联的角度观察世间万物。

这是一种常见的思维陷阱，心理学家将之归类为“主观陷阱”，并认为，它们往往存在以下心理标准：

①“这是真的，因为我相信它。”

这种想法是先天性的自我主义：“我”认为“我”相信的是真的，因此，它便是真的。

②“这是真的，因为我们相信它。”

这是先天性的社会中心主义：由于“我”所属的集体里存在这种真实的主导观念，因此，它是真的。

③“这是真的，因为我想相信它。”

这是先天性的愿意满足，即“我”相信那些对“我”或“我”所属的集体有益的行为，而不信那些不利的行为——虽然“我”从未认真地考虑过那些不利行为的证据。

④“这是真的，因为我一直相信它。”

这属于先天性的自我确认：由于想要维护一直以来所秉承的信念，所以不去质疑。

⑤“这是真的，因为它属于我的私利。”

先天的自私，使“我”不愿意质疑，因为它能够为我带来更多的权力、金钱或其他方面的个人利益。

落入主观陷阱以后，个人往往会对现实失去甄别力，从而陷入“理所应当”的想法之中。不管是管理领域，还是个人发展领域，都是如此。

著名管理咨询公司麦肯锡的资料库有这样一个案例：

瑞士拉尔林玩具设计公司是由拉尔林·切瑞克在20世纪90年代一手创立的，由于拉尔林过去亲自设计的儿童玩具销量最好，且为公司带来了高额的利润，因此，他对自己的设计一向颇感满意与自豪。

可是，随着时间的推移，科技时代来临，孩子们喜欢的玩具不管是在外表还是在款式、风格上，都出现了较大的改变，而且已经对各种高科技产品越来越习惯的大龄儿童日渐成为各大玩具公司争抢的重点顾客群，但这一群体对玩具各个方面的要求正在不断提高。拉尔林公司的竞争者很快便意识到了这一问题，并迅速地采用不同于以往的方法生产出新玩具满足消费者的需求。与此同时，他们还不断地革新自己的生产方式，以便大幅度地降低生产成本。

即便在这样的情况下，拉尔林却依然认为，由他所设计的“高质量产品”能够持续以高价出售，且坚持不改变玩具的制作方法。在最高领导者的固执之下，拉尔林公司原本占据主导地位的市场份额不断下滑，而拉尔林却认为，这种下滑是因为销售部门的工作不尽力导致的。

由于产品十几年如一日地不创新，孩子们不再喜爱。最终，在2013年，这家瑞士老牌玩具公司在市场竞争中被彻底淘汰了，而拉尔林本人也面临着破产的窘境。

很显然，导致这种结果的原因就在于，身为主要设计师与管理者的拉尔林过分自我地喜欢自己多年前的生产方法，他的不思改进使公司难逃倒闭的命运。其实，假如拉尔林能够及时地反省自我设计，并以市场的真实需求作为设计标准与原则，并认识到消费者的需求发生了彻底的转变，及时地纠正自己原有的生产方法，再凭借个人非凡的设计技术功底进行新产品与新技术的研发，那么，他必然可以带领自己的公司生产出受市场欢迎的新产品。

越保持客观，便越能远离主观陷阱，对事实看得清楚而深刻，对个人自我主义也就越能加以克服，在面对现实时就越能针对最符合事实的情况做出相应的阐述、给出恰当的回答。

如果你想实现更有结构化的理性表达，你就必须重视起这一点：在处理一项事务、面对某个问题时，我们往往是不可能对未知情况较为全面且无一遗漏地掌控的，因此，便难免会依据个人看法做出一些假设。但假设终归是假设，它必须接受事实的不断检验。唯有如此，才能确定最初的假设是否正确，从而指导我们及时地对自我方略进行调整，使最初的假设回归于事实的基础上。

在此过程中，最重要的方法就是要放弃以自我为中心，尊重事实，并与事实紧密地接触。对于那种由于过于主观的情绪而产生“想当然”式的心态，我们有必要认识到这样的现实：过分主观，只会使自己看不到事实的真相，从而使对话陷入错误的方向——而这恰恰是最有可能使对话走向分裂与歧途的做法。

明确：主观陷阱与理性思考之间的区别

当个人陷入主观主义的自我中心时，其思维特点与理性思考有着明显的区别。了解这些区别，是建立起理性思考的关键性前提，同时也是远离自我主义的基础。如下表所示。

自我主义思维	非自我主义思维
▪ 通过牺牲他人需要、权利谋求私利，阻碍了合理思想的发展。 ▪ 寻求自我确证。 ▪ 可能不是灵活的（除非通过灵活性可以实现其私利）。 ▪ 本质是自私的。 ▪ 进行全局性、普遍积极或消极的归纳。 ▪ 歪曲信息，并忽视重要信息。 ▪ 当目的未遂时，反映出消极的、反效果的情绪。	▪ 在谋求私利时尊重他人需求，积极展开个人发展、学习与理性培养。 ▪ 是灵活的、可适应的。 ▪ 努力成为公正的。 ▪ 努力准确地解释信息。 ▪ 努力收集并考虑所有相关的信息。 ▪ 通过控制情绪，创造性地利用情绪力量对情况做出反应。

审视：你离主观陷阱有多远

如何才能远离自我主义、避开主观陷阱呢？在这里，沃顿商学院有一些现成的问题可以对照。依据这些问题，我们能够更好地正视自我、面对事实。如下表所示。

辅助远离主观陷阱的十大问题

▪ 你在做事情时，是否可以实事求是，而不是依据猜测或个人期望行事？
▪ 当你做出判断时，你是否允许他人发表意见？
▪ 你是否会对他人提出的意见进行深入的思考，哪怕你很反感对方的意见？
▪ 你是否会采取那些个人不喜欢但又有事实依据的行动？
▪ 如果你找不到问题的症结所在，你是否会延迟做出决定，并在确认症结以后才有所行动？
▪ 哪怕你的直觉告诉你，你的决定是正确的，但你依然会等到拥有了充分的事实资料以后才会做出决定？
▪ 当你的下属提出了一个大家都认为是正确的但你并不喜欢的做事方法时，你是否会欣然接受，而不是有成见地加以拒绝？
▪ 若你是公司的负责人，你是否会为了组织的利益，而不是从个人好恶角度出发，采取相应的管理行为？
▪ 不管是面对何种人事问题，你都能不掺杂个人成见与好恶吗？
▪ 在与他人交往时，你是否常常在还不了解对方的时候便对对方下结论？

你回答“是”的概率越大，你远离主观陷阱的概率便越大！

扪心自问一下：你能否公正而冷静地对待客观事实？如果你能，那么，不管是在思想还是在决策，抑或是在具体行动的过程中，你都会离成功更近一步。当然，“用客观作为基础”并非要你彻底排除个人感受，只不过，你必须明白，不可以让这样的主观感受控制自己并掌控一切。

2．用“利他思考”来满足需求

你肯定听过那则故事：一个盲人，每晚需要外出时都会点一盏灯。有人不解，就问他：“你的眼睛又看不到，你将灯点燃，有什么用？”盲人回答说：“晚上黑，我点盏灯，别人不仅会看到路，也会看到我，这不就是给自己行了方便吗？”的确，利他便是利己，在阐述、表达时，你更需要思考如何才能通过“利他”实现双赢。

近年来，“利他思考”模式很受欢迎，这源于利他思考所起到的积极作用：唯有通过利他思维实现真正意义上的换位思考，才能产生同理心，才能找到对方的需求，才能更好地理解他人，从而让自己的表述能够在满足他人需求的同时使自己的需求立足于一个更好的着力点。

不过，大部分管理者所展开的思维并非绝对意义上的利他思考。美国市场营销专家米尔顿·科特勒是全球顶尖营销顾问公司科特勒营销集团的CEO，他在传授自己的营销体系知识时指出，利他思考是市场营销成功的关键。

“管理者常常会抱怨：产品研发部门直接将新产品丢给营销团队，并指望他们马上将它卖出去。可是，这种期望往往是不切实际的。”在过去的30年里，科特勒一直在告诉他的顾客与听众，成功产品与失败产品之间最大的差异在于产品的设计过程，即产品的物理属性。

他指出："如果你真的想让你的客户认为你的产品是真正了解他们、迎合他们需求的，那么，你的产品就必须具备5个关键要素。"这五大要素如下。

① 相对优势：该产品是否优于它的替代品？

② 兼容性：该产品是否与人们当前的习惯做法相兼容？

③ 复杂性：该产品使用起来是否复杂？

④ 可试用性：是否可以允许小剂量试用？

⑤ 可观察性：是否可以留意他人使用情况？

科特勒强调，成功产品与失败产品之间高达75%的差异可以用这5个要素解释。一旦你掌握了这些，并且它们都指向正确的发展方向，那么，相应的产品推介便会容易很多。所有这些要素根植于产品本身，而这五大问题的根本其实是在提醒我们关注需求方，从需求方的角度考虑问题、表述问题，更多地反映出来的是一种利他思考。

"利他"≠"换位"

你可能会对"利他思考"产生误解，将它与换位思考混淆。的确，你可以将自己的身份从甲方变成乙方、从管理者变成员工等，不过，这些只是掌握了换位思考的形式，但利他思考却是使用别人的思维思考、从他人的得益寻找切入点，而不是换个位置，依然以自己的思维理解别人。

这便指明了利他思考的重点所在：当我们无法理解他人思考问题的方式时，我们便不能真正地理解别人的行为模式，自然也达不到让自己的表达满足对方需求的目的。

比如，项目人员在做项目时，常常需要分析客户的心理，一位优秀的客户经理不但可以换位思考，还能够以总经理、副总经理、中层、基层的角度与心态思考问题，这就使他给出的解决问题之道更有创新的可能性。相比之下，一个缺乏阅历、经验不足的人是很难做到这一点的：阅历与经验的不足使个人往往无法真正地实现用利他思考看待问题。

这便涉及如何在平日的管理之中通过多种举措实现阅历与经验上的增长，从而实现想法上的自我充盈问题。

学会更用心地观察

管理者比一般员工拥有更多机会接触丰富的自我成长资源，这也是管理职位所带来的一项极大的好处：当你站在更高层次看问题时，你能够学习到的东西便比一般人更多。不过，大部分管理者并不懂得利用这种机会，他们将自己的思维困在了职位范围之内：营销管理者只关心怎么将产品销售出去，客服部管理者只关心如何才能提升某一问题的服务质量。

如果你能够真正地了解你接触的需求方，然后再针对自己的职责范围进行改进，你与部门都将变得更优秀。更重要的是，如果你知道如何向自己的顶头上司表述你与客户之间的需求不平等矛盾，那么，你的管理才能也将被更多人看到。

如果你想把握这些机会，那么你可以尝试着观察一下自己所服务的需求方。

① 他们正在使用的产品或服务有哪些缺陷？

② 为什么会这样？造成这样的原因有哪些？

③ 有哪些客观因素？有哪些主观因素？

④ 他们想要的是什么样的产品？

⑤ 要怎样改进自我部门的服务或产品，才能更靠近他们的期望？

⑥ 针对问题因素，如果改进其中一项因素，那么对方是否会满意？

⑦ 如果改进其中两个因素，则又会怎样发展？

你所处的岗位不同，你需要洞察的事情便不同。在这种情况下，越是通过利他角度进行不设限的思考，你能够想到的解决方案便越多。

实地了解对方

你想到什么好办法改进自己的客户服务水平了吗？一般来说，你对客户了解得越多，便越容易更好地满足他们的需求。比如，你可以阅读行业期刊、参与行业会议或者展览，这样，你就能够更好地了解客户的需求，更好地为他们服务。

如果有条件，你不如抽出时间去客户那里看一看。

① 看看他们的大厅，里面是如何摆设的？哪些东西被摆放在显眼的位置？那往往是他们最重视的东西。

② 看看他们的公告牌，上面的内容往往是该组织内部最近重视与推行的活动、政策等内容。

③ 看看他们的网站，你可以从中发现许多与他们的组织经营、理念相关的内容。

④ 订阅一些他们常常阅读的杂志，这样，你就可以发现他们的行业动向，从而先一步为他们提供更好的服务。

⑤ 参加他们的展览，从中了解他们近期主推的产品或活动是什么。

相信只要深入地了解一段时间，你便可以很快地找到更好的服务方案。当然，同样的方法也可以用在公司内部，毕竟，你的团队成员、上司或者同事在某种程度上也是你的客户。

别人是怎样看待此事的

通过更全面地了解你的客户所面临的问题，你往往能够更高效地为他们提供服务。比如：

① 到底是什么让他们紧张成现在的模样？

② 一天之中，他们的工作最容易出错的是哪里？

③ 他们面临着怎样的压力？

④ 普通人会对他们的工作或行业有怎样的误解？

⑤ 他们需要什么，或者他们不太需要什么？

⑥ 一旦出现特殊情况，他们可以依赖谁？

⑦ 如何才能协助他们将工作做得更好？

⑧ 对他们来说，怎样才算理想的一天？

美国大型超市沃尔玛为了了解顾客真实的购物体验，往往会雇用一些秘密的购物员。这些购物员就如同平常顾客一样光临沃尔玛，然后将他们的购物感受报告给公司。商店里的工作人员甚至都不知道秘密购物员的存在。这种秘密的存在却成为沃尔玛改进自身货物摆放、具体营销策略的最佳创意来源。

因此，在下一次想要提出最佳解决方案时，不妨尽量从客户角度思考一下，这样，你就可以更深刻地体会到他人的困难，从而更好地与他人合作，提出更有新意、更具针对性的解决方案。

不过，更好地理解对方需求，使其成为自己提供更好解决方案的出发点，这一要求做起来的确很难：你需要在服务对方时便做到对对方所需要的东西有一个充分的了解，并处理与之相关的信息，理解对方的“位置”，然后还要有相应的响应反馈——真正的利他思考难就难在这里。要想更好地做到这一点，你就需要在前期做好相应的信息收集。

3．不断追问，不断寻找答案

迎合目标客户是如此重要，但管理者依然会在现实工作中忽视如何配合客户的需求。比如，你总是关心自己的产品如何才能卖出去，而很少想客户到底需要什么；你绞尽脑汁想出来的产品方案，却总是被批评毫无落地可能性；你用尽一切方法想知道如何才能找到问题的答案，却很少问自己，如何才能找到真正的问题所在——而后者几乎是决定一切答案能否被解答的关键。

在树立起结构化思维的过程中，学习如何去结构化地找到问题的根源所在是每一位管理者都需要提升的技巧：如果你是管理者，下属来汇报工作，那么，你肯定需要问下属一些具体的情况，以便全面地了解工作内容；如果你是下属，准备向自己的上司汇报工作，那么，你肯定要做好准备，不能到时候一问三不知。

同样，如果你准备与客户进行沟通，那么你也必须考虑到客户有可能想知道哪些方面，同时要用正确的表达让客户对你的方案与表述产生积极的兴趣。提出主题以后，你必须保证客户会对这个主题进行提问，而你的下一层级正好回答了这一提问，这样才能保证客户有兴趣、有动力地听下去。

这是一个逻辑上的接受层次：首先要让你的目标对象能听下去，能听下去他才有可能听得懂，听懂了才有可能接受。这三个层次从逻辑上来说是缺一不可的，它们不可能调整顺序，而这便是结构化表达中的重点：你所进行的一切都需要立足于让“目标”能听下去。

想要做到这一步，你就必须知道如何在工作中通过追问寻找到对方所关注的重点。问对了问题，你不仅能够搜集到与对方利益密切相关的重要信息，同时还有可能促进双方持久性的关系。

一般情况下，以下四项追问性原则可以帮助管理者更快达成自己找到目标对象关注的领域的目的。

通过“为什么”了解对方“要什么”

有些管理者会认为，向他人提问的目的是为了找出对方“要什么”：一旦知道了对方要什么，便能够针对性地设计出对方可以接受的协议、提案或产品。但事实上，一味地强调对方要什么，不仅会让你分心，更会让你无法专注于更重要的目标上。而问对方“为什么”则恰恰是找出对方为什么需要它的重要信息来源。

比如，如果你向自己的渠道商询问，为什么他不愿意配合你们现阶段的产品促销活动，他们可能会告诉你，现在手头产品太多，他们没有精力搞这样耗费人力的促销活动。此时，你得到的只是他们“不愿意做”的原因，但你最终想要知道的是如何才能让他们“去做”甚至“主动去做”。

因此，如果你能够在问对方“要什么”的基础上，再问上一句“为什么”对方偏偏要这样东西，则往往能够使对方吐露出他们隐藏在背后的利益。这种“为什么”式的提问在用于双方都有相互要求的对话场合中往往格外有利：它将一方的要求转移到了有利于达成双赢的问题讨论上，而这一讨论方向很可能会让你发掘出一些信息，供你找出更好的解决问题的途径。

提出中立性的问题

武断、主观性的字眼往往会导致对话气氛越来越紧张。就算情侣间的小对话，在使用武断的字眼后，也往往会使气氛陷入僵局。如下表所示。

管理中常出现的主观性武断式句子

“你不感觉……”
“照你这么说……”
“难道你看不出来……”
“你以为……”
“这一问题非常明显……”
“一眼就能看出来……”

此类的问题往往以引导、加压为特点，目的在于堵住对方的嘴，让对方感觉难以应对。但这些字眼往往最能引起对方的防卫，造成情绪性反应。它们所带来的往往只是“是”或“不是”类的答复，而不是对解决问题更有意义、更有尝试的反应。

因此，在对话过程中，你应提出以下问题：

① 不设限、中立式的问题。

② 能够搜集信息、能够帮助你界定优先顺序的问题。

想要做到这一点，你首先需要抛弃自我偏见，让对方有机会阐述他的理由。比如，当你与下属针对某项工作出现分歧时，你不应该说“你不感觉你做的这项工作非常差劲吗”，而应该说“我很想听听你的意见，因为我对这项工作不是太满意，不过，我想你一定有自己的理由，为什么你认为它很出色呢”。

这样的提问方式可以让你的对话者更小心、更周全地回答问题。在有机会说明自己的观点后，他也更有可能征求你的看法。

尽量提出开放性问题

“你认为这样做好吗？”

“你感觉明年我们还能合作吗？”

“按 28%的分成计算，合适吗？”

当你提出这种只能用“是”或“否”就可以回答的问题时，就意味着你只能获得极少的信息。接下来，你将不得不提出更多的问题，并以此更新自我信息量。但是，在对话过程中，特别是在与客户、上司等对话时，连珠炮式的发问往往会引发反感，甚至有可能导致冲突出现。

在这种情况下，我们必须设计出一些需要更多语言、更多信息才能够解释的问题，这种问题被称为“开放性问题”。开放性问题往往会使我们只提一个问题就可以获得很多信息。此类问题的典型代表有：

“你认为我们需要怎样做才能够达到贵公司的标准？”

“在现有的条件中，您为什么会对某些条款不满？”

“在您看来，哪些地方还需要改进？”

这些问题多半需要系统性的阐述，而它们将使你了解对方的真实目的。如果你恰好处于劣势，那么，这样做无疑使你获得打开新局面的可能性。

当然，这种开放式的提问也需要有所节制。

① 它必须与本次对话的主题密切相关。

② 它最好出现在对话陷入僵局而你想要搞清楚对方到底在想什么时。

③ 它需要你有所预期，使对方不需要太多的思考就能够回答。

那种越开放的问题往往会使人因为不知从何说起，进而产生更强的戒心，这将令对话陷入更尴尬的境地。

将特定的问题进行明确，以避免造成误解

如果你参与的是大型的利益相关性对话，或者你所在的位置比较特殊，那么，你与对方很可能不能做到畅所欲言。在这种情况下，明确地提出特定的问题，将会有助于对方做出更有用、更有重心的回答。

比如，当你想要提拔自己有能力的下属时，不要询问他对现在的工作是否满意，而应明确地问他："你期望自己在哪个领域进一步发展？我这么做是期望为你找到一条更好的途径，让你的能力发挥更大的作用。"

"明确的问题"加上"补充性的说明"，这种问话方式不仅能够让对方放下戒心，更能增进对方的好感。

值得注意的是，在对话双方实力、地位不相同时，地位高、权力重者向弱者提问，往往能够获得更准确的答案。这就如同专家向普通人发问、长辈向小辈提问更能表达谦卑、鼓励的意思。如果一位医生向普通人询问"我们要怎样帮你，你才会更快戒烟"，那么，制订出来的戒烟方法往往会对病人更有效。

提问只是一种策略，想要让对方作答以推动谈判进程，你就必须保持开放的心态，仔细地聆听对方的想法，然后持续地发问，直到你能够确定自己已经了解对方的利益或者对方所关注的问题为止。

4．多方位思考，提出对问题的不同见解

许多管理者之所以会在表达时不知说什么，往往是因为个人对问题的

见解并不深刻。这是提升个人结构化思考力的最大阻碍。在多年的培训生涯中，我发现在下述两个场合里个人思维往会被严重束缚，所以有必要引起注意。

◆ 无法自我否定。

比如，日本的三大电机生产商日立、东芝、三菱固守于原本的优势，为了使现有事业做得更好，将大量的资源投入旧领域中。在创新产品层出不穷的今日，这三家企业苦苦地维系自己微薄的优势。

相比之下，通用电气又在干什么？以1981年杰克·韦尔奇入主通用为界，通用电气的事业内容前后迥异。在韦尔奇成为通用电气的CEO之前，通用电气的事业可以说只有电机业，其经营范围就像它的名字一样，是“普通电机公司”。

几十年过去了，通用电气现在的事业构成又如何呢？在韦尔奇成为CEO后，通用电气引入的金融服务、不动产、核能服务（原子能服务）、维修保养、管理服务等事业占了一半以上。

用一句话概括：因为通用电气实现了自我否定，所以才产生了新的构想，并变身成为新的企业。换句话说，若像日本三大电机生产商一样不能否定自己，那无论如何也产生不了新的构想。

◆ 只看部分，不见整体。

有结构思考力的人大都不看部分，反倒能瞬间看到整体，能够通过灵感或想象瞬间捕捉到整体。这与那些没有想象力或者想象力有限的人恰恰相反：后者往往会将自己的眼光局限在一个片面的框架之中，比如，只考虑某一方面的问题，或者只从自己的角度看问题。

想要越过这两大阻碍，提出更好、更新的见解其实并不难，关键在于个人要学会从多方位切入，发现未来与现在的不同。

美国创新专家克莱顿·克里斯坦森是颠覆式创新的领导人。多年来，克莱顿领导一个研究小组，采访了数百位创新者及多达5000位企业高管，并成功地发现了那些能够实现高效率的管理者的真正特质：他们极擅长关联性思维。

这些创新者会将看似毫不相关的问题与想法联系起来，合成新的想法。克莱顿认为，他会使用这样一个问题衡量关联性思维：有没有其他人也曾通过类似的方法解决这一问题？事实证明，其实大部分问题都被人解决过，只不过环境不同罢了。将他人的经验关联到自己将要面对的具体问题上，或许会显得自己很聪明，但真正的聪明之处在于，你想到了这个问题在其他的地方被解决过。

这种关联性思维源于“观察”与“提问”两大能力的结合：创新者观察事物，然后提出问题，并据此进行变化。如果你想成为一个具备创新思维的人，那么，在观察事物时，你就必须全神贯注，知其所以然。最好的例子是QuickBooks软件的创始人。

斯科特·库克有一段时间曾在税务所工作，他发现，许多小型的管理者拖延到最后一刻才更新账目、整理报税表。

大多数人可能认为，这只是管理者懒惰或者缺乏纪律性所导致的，但是，斯科特却并不认可这样的简单归因，他向多位管理者询问了原因，这些管理者告诉他：“一旦我们将时间花费在报税或者记录账目上，那么，我们将没有时间去跟客户谈生意了。所以，我们更习惯将记账工作留在最后。”

这一回答激发了斯科特开发出QuickBooks财务管理软件，从而使小型企业的会计工作得到了极大的简化。

其实，不仅是斯科特，许多能够创意性解决问题的人都极擅长通过提问让自己实现关联性的思考。其中最著名的方法莫过于如今麦肯锡向自己的顾问大力推广的“自我提问表”，该方法立足于克莱顿教授的研究成果，拟定了下述提问格式。

其中，每一方面、每一步骤、每一问题都是为了诱发人们的创意想象与关联性思维而生的。

还有……

还有哪些用途？

还能用哪些方法使用它？

通过改变，还有哪些用途？

有关橡胶的用途，有些公司提出了成千上万种设想，比如，浴缸、扶手、人行道边饰甚至棺材、墓碑等——如今，橡胶早已被广泛地用在各种地方，但我们相信，通过这种“还有……”式的发问，未来会有更多的人发现橡胶的新用途。

它与什么相似

它可以启发哪些设想？

我可以模仿什么？

过去有什么东西是与它相似的？

如果去专利局看一下，你便会发现，那里存放着许多重叠交错的发明：足球上有橄榄球的痕迹，作家不进行改编便写出一部广受认可的作品几乎是不可能的。正如莎士比亚的《哈姆雷特》是立足于丹麦的一个传说而创作出来的，美国国歌《星条旗永不落》原本是一首在伦敦小酒店里流行的乐曲。

对此，克莱顿笑言："这世界上其实只有一个故事可供叙述，这个故事很古老，而且它是一个极小、极其简单且易于叙述的故事——从前，有一个年轻的小伙子爱上了一个漂亮的姑娘。"

它可以扩大吗

它可以增加什么？

应该怎样为它增加一种额外的用途？

通过增加构件的数量，还是将它一分为二，或者直接扩大若干倍？

把它夸大？

使它更坚固、更高、更厚、更长？

这种扩大式的创新比比皆是。迪士尼动画之所以如此流行，与艺术化的扩大密切相关：在一部乐队表演的短片里，迪士尼的动画制作师让一个提琴手同时拉了五把提琴，从而产生了更多的笑料。

它可以缩小吗

从它的构造里可以减去什么？

是否可以使它更小、更密、更低、更短、更轻？

现实生活中常用的微型电脑、折叠雨伞、袖珍收音机、浓缩果汁等其实都是按照这一思路生产出来的。

它可以被取代吗

它可以用什么代替？

是否可以用别的材料、零件、能源、时间、地点、方法代替它？

棋类曾经以铜、象牙作为基础材料，后来则以木、瓷、塑料作为棋子。换一个时间、地点举行谈判或许更能改善气氛，而使用奖励代替惩罚能够使孩子更乐于合作。

它可以重新安排或调整顺序吗

是否可以互换它的成分？

变换它的程序？

改变它的速度？

或者交换作息时间？

一支球队可以通过重新安排成员的位置获得不同的作战方式，孩子在摆弄一盒积木时可以产生无穷无尽的变化，而年轻姑娘改变自己的发型甚至能够给人留下不同的印象。

它能够颠倒过来吗

它能反过来吗？

是否可以彻底翻转？

首尾倒置怎样？

或者变肯定为否定、变否定为肯定？

好莱坞的剧作家在创作时往往会使用这种思维，他们说："让一个人咬一条狗，而不是让狗咬人，这样的思路能够拍出更出彩的电影。"

可以将哪些东西加以组合

怎样把不同的东西组合在一起？

将它们混为一体怎么样？

单位组合会产生什么样的效果？目的组合又怎样？

统一起来会怎样？

进一步调配会如何？

组合是创新的起点，军事坦克、收录音机、双焦距镜片其实都是组合的产物。在日常生活中，只要你留心，便可发现无穷的组合现象，领悟到创造发明的启示。

在使用上述提问方法时，你完全可以给自己建立一张表格：把这些问题一一写下来，并逐条进行审视、思考与回答。这将有助于增强你的想象力，改进原有方案，发现新的解决方法。而立足于这一提问表格，你会更深入地发现事物的本质，并从中意识到如何才能使事物发生“是它但又远超越它”的变化。

5．区别主观与客观论述，让主张更有力

作为管理者，你应该让你的表达建立在客观、理性的基础上：不管你的表达对象是客户、上司、同事还是下属，不管你选择的媒介是文字还是PPT，你陈述主张的对象都会基于你所提供的论述决定是接受还是抛弃你的主张。这就意味着，你必须在表达过程中区别主观与客观。

在一次培训中，我设定的主题为“汇报市场占有率提升方法”。

你针对公司的新产品设定出方案：“提升 ×× 产品火爆度，全年 ×× 净增值 300 万元”，但当下进度落后，且员工与渠道商对该产品的畅销皆无信心。你的目标是向上级管理者汇报，怎样才能提升这有极大发展空间

的产品的市场占有率。

某位营销经理依据结构化思维，搭建出如下方案。

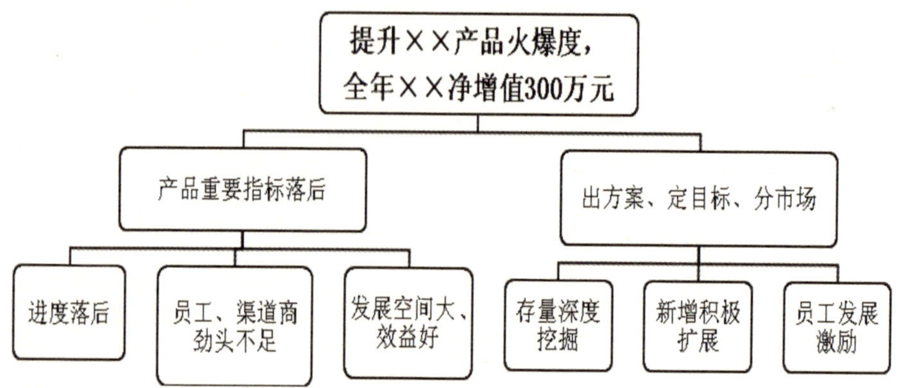

从上图可以很明显地看出，上述架构明显存在主观与论述不清的情况：在“产品重要指标落后”中，“发展空间大、效益好”这一内容明显属于建立于个人主观意见上的推断，它并非可以成为依据的事实。可以说，这是一个美好的期望，而不是一个真实可以依据、提升主张力度的理由。

这样的错误最直接的问题就在于，信息接收者在看到汇报以后，很难判断这一方案是否有效、是否解决了相关问题。

其实，这种将主观想象与客观论述混淆的情况并不少见，这同时也是扰乱个人思维理性化的关键。如何才能做到规避这样的错误？我们需要从真正地找出事实、远离主观陷阱开始做起。

让自己远离主观陷阱

在论述过程中，你首先需要做到的就是将那种过于主观的情绪与想当然的说法彻底摒弃：保证自己的表达能够被对方所接受、经得起考验与审视的最好方法就是让所有的论述都放弃主观，建立在尊重事实、与事实紧密联系的基础之上。

那么，如何才能让自己远离这样的陷阱呢？多数时候，只有我们对于事实做出了认真而详细的梳理以后，才能对真正有利于表达的客观论述拥有更清晰的认识。以下问题立足于帮助管理者识别主观陷阱、找出客观事实，它们可以让你在论述以前便更清楚地面对、总结与阐述事实。

在做出结论时，你是依据事实实事求是，而不是依据猜测或个人的期望。

在做出判断时，你倾听了他人的意见。

你知道那些个人不喜欢但又有事实依据的论证的重要性，并在总结过程中运用了它们。

如果你找不到问题的症结所在，你会延迟做出结论。

你不会凭借灵感或内心的感受做出决断，而是必须等到有了充分的事实资料以后才会做出决定。

在处理人与事时，你不会掺杂个人成见、好恶。

在与他人打交道时，你不会在未了解事实以前便下结论。

当其他人提出了一个大家都认可但你不喜欢的正确做法时，你会欣然接受，而不是有成见地加以拒绝。

个人想要实现公正、冷静地论述问题，就必须以更公正、更冷静的态度对待客观事实。因此，你的论述必须回到事实上，必须让事实说话。

特别是在一些持续性的论证过程中，你更应经常性地对自己需要论证的事实进行不间断的收集与分析，并停下来询问自己：在过去一周、一个月甚至更长时间里，你从中学到了什么？新的信息与你最初的设想有哪些差距？接下来又要如何适应它？如何表述它所发生的变化？

区别现象与原因之间的不同

实现结构化思维最基础的一步就是通过有混淆意义的同类现象的不断甄别，将现象与原因区别开来。拿案例中的新产品增值汇报来说，在将现象与原因区别开后，其结构便可调整为下图所示。

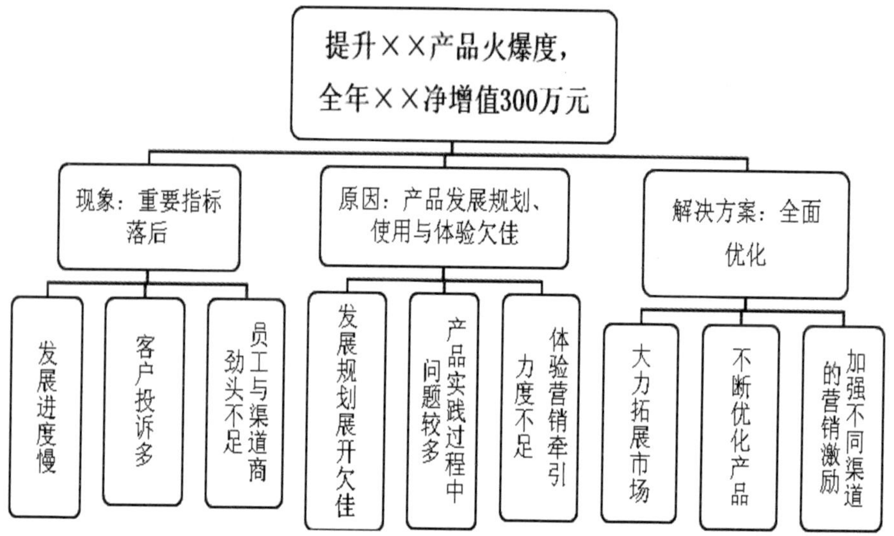

明确主张的描述方法

描述主张，即对自己的结论进行说明。一般情况下，有三种方法可以进行主张的描述。

◆ 准确的文字描述。

文字描述是准确程度最低的描述，同时也是最容易掺入主观想象的描述方法，在某些情况下，仅用文字描述便已足够。不过，在使用文字描述时，你需要规避“还可以”“差不多”“都是这样”一类界限模糊的词汇。

◆ 定性描述。

这种描述是将你的主张描述出具体的程度，比如，“高”“低”“优秀”“普通”与“一般”等。相较于文字描述来说，它容纳的信息更多，而且更准确。

◆ 定量描述。

与上述两种描述相比，定量描述是最清晰、最客观、最有利于决策的。比如，“投资回报率为20%”就远比“高投资回报率”要有意义得多；“加强不同渠道的营销激励”便不如“加强员工、渠道商的营销激励”更清晰。不过，想要做出这样的描述，你需要花费更长的时间搜集更多真实有用的数据与资料才能确定。

当然，区别运用主观与客观论述，并不意味着主观上的感性成分没有作用——在汇报、阐述观点一类需要理性占据主角的表达场合中，多进行客观论述明显更有利于听众获得他们想要的信息，从而佐证你的主张；但是，在谈判、观点辩论、演讲一类的表达中，有选择的主观表达也有其积极作用。有关这一点，我们将在下面进行论述。

6．通过同性质词汇说明主张

词汇所产生的意义远大于你的估量。想象一下：

你正在与你的同事针对产品设计的事情展开一场热烈的讨论。你认为，哪怕产品主要是面向购买力有限的中产阶级而设计的，更应主要考虑到产品的优质性能；而且，只要产品的质量过硬，价格根本不是问题。

可是，你的同事却持有截然相反的观点："中产阶级看似已脱离了为生活奔波的苦海，但他们在选择商品时，价格依然是影响他们的重要因素。"

你俩不相让，最后只能暂时将讨论搁浅。

在结束讨论时，同事说了这样一句话作结："我怎么说你都不会懂，谁让你是有钱人呢。"听到这样的话，你的心里是不是很不是滋味？

在不同的对话里，每一个使用词汇的人都会给多词义词汇附加自己的意见、意识形态与个人经历上的意义：对于一个刚刚找到工作的失业人士而言，"有钱人"意味着拥有固定的工作，并且不需要为了生活需求而苦恼；而对于另一个人而言，它可能意味着一份稳定的、可以按月领薪水的工作。再换另一个人：资产不达到 8 位数，在他看来根本不能算是真正的有钱人。

与"有钱人"一样，现实生活中有很多词汇看似简单，但实质上都拥有无穷无尽的不同含义。如果运用不当，他人便极有可能通过自己的理解让我们的阐述走入错误的词义里。

如何才能让自己的表述变得尽可能简洁、清晰起来？这就需要我们意识到书面表达的局限性：它所表达的意义受困于词汇意义，如果你想让自己的主张表现得足够客观，那么，你阐述时所使用的文字就必须兼顾理性与情感。

第一点有效建议就是，你应先确定自己的关键词。

在脑海里先搜索好关键词

想要确定自己的话语是否足够清晰、阐述是否让人一听便懂，你就要懂得运用那些在决定个人观点过程中起到“支撑结论”这一关键作用的词语。一旦找到这些关键词，你便可以判断出它们的意思是否含糊不清。

在这一过程中，你应尽量避免使用那些抽象词汇：你运用的词汇越抽象，人们越有可能对其做出多重解释。

为了避免在使用“抽象”词语时的意义不明确，我们可以对此类词汇做出定义：当一个词语所指代的对象离特定的、具体的事例越来越远时，它的意义便会变得越来越抽象。因此，诸如“平等”“责任”这些词汇就比“可获得相同的、有利于工作的资源”与“直接引起某一事件的发生”这些短语要抽象许多。相比之下，前者提供了更加抽象的图像，并因此而显得含糊不清。

如果你希望自己的观点、方案被对方更快接受，那么，在脑海中搜索关键词时，还要考虑到对方的立场。此时，利他思维再次发挥了作用。问一下自己：“他对这样的表述会产生积极反应吗？”比如，“环保意识”一词对于环保人士与非环保人士而言，产生的作用自然不同。

检查是否有歧义

重点关注上述过程中你找出来的关键词，并询问自己：“我是否清楚地了解它们的意思？”有关这一步，你所表述的内容越重要，它的重要程度便越高。比如，没有歧义的表述可以让你的方案被董事会或客户公司接受的概率大大增加。

向自己提问

在开始寻找以前，你需要避免自己陷入“他懂我的意思”这种自我认可里，而要追问自己：“我这样说，他会懂吗？”

此外，很多术语都存在多个定义，因此，别忘记问自己一句："这些词汇是否有不同的意思？"如果你能找到一个术语的两种甚至更多的不同含义，而且每个含义放到这个论证的上下文语境里都说得通，那么，它支撑你理由的力度便会大受影响。最好的检测方法就是将这一词语的不同含义替换到推理论证的结构里，看看改变这个词的意思是否会对理由支撑结论的力度产生重大的影响。

减少使用饱含感情色彩的词语

美国知名智库卡托研究所曾展开一项民众研究，在这项研究中，他们曾列举出下述内容：

你认为哪一个对社会威胁更大：是**全球变暖**还是**气候改变**？

你更愿意支持**税收宽免**还是**税收减免**？

你是不是更愿意投票支持消减**死亡税**，而不是**遗产税**？

这项研究的结果证实，虽然上述句子里出现的黑体词汇意义基本相同，但人们对它们却会产生不同的情感反应：美国人对"税收宽免"的反应要比对"税收减免"更为积极，他们更愿意支持削减"死亡税"而不是"遗产税"。

对于这些选用的术语与词组的不同情感反应，会大大影响到人们对论证的评价，而那些附加了情感色彩的术语更是如此：它们对我们产生心理作用的能力大大超过了它们本身的描述性含义。比如，"牺牲与过世""公平与平均"，看起来意义相同，但情感色彩却截然不同。如下表所示。

你知道下列词汇的差异并正确使用它们吗？

热烈　激烈
永久　永远
欲望　欲求
爱情　情爱
单行本　文库本
食材　食粮
知识　智慧
群众　目标客户
学子　学生
选择　选拔
思想　哲学
同情　怜悯

不清楚词汇的正确含义，便无法正确地表达，于是只能产生误会、失败与无意义的期待。

附加了情感色彩的术语会给理性思维带来极大的麻烦，因为它们会通过直接连通情感线路绕过描述性的意义通道，进而暂时令思维短路，达到欺骗思想的作用。作为理性思考的管理者，你必须保持敏感，知道这些词语能够达到的情感效果，并在表达过程中更谨慎地使用它们。

钳制思考的省事迟早会变成真正的麻烦，当你在脑海中进行方案筹划、观点筹措时，你一定要抵制“省事”的诱惑，千万不要以为这个词语的定义是众所周知的。这样，你便很容易忘记不同文化、不同经历与不同思想之间的巨大分歧。所有这一切都会给词语增添一层层的含义。如果你力求表达清楚，你就必须牢记这样的原则：让自己的表达变得尽量清晰、毫无歧义。

第六章

归纳演绎：用过程展示自然推理

如果你参观过著名管理咨询企业麦肯锡项目小组的工作现场，你便会惊讶于这样的场景：那些在商场打拼了十几年乃至数十年的老总们，总是会抽出时间去倾听那些年轻顾问的建议。造就这种现象的根本原因在于，麦肯锡咨询顾问极善于使用演绎归纳展示与指正问题。如果你能够像他们一样，能够针对性地说服他人，清晰地罗列问题要点，那么你会因完美表达赢得他人的尊重。

1. 标准式演绎，实现理性化思考

演绎是一种从普遍性的理论知识出发，认知个别的特殊现象的一种论证推理方法。通常情况下，人们会使用三段论解释演绎法：一个大前提加一个小前提，推导出一个具体的结论。如下图所示。

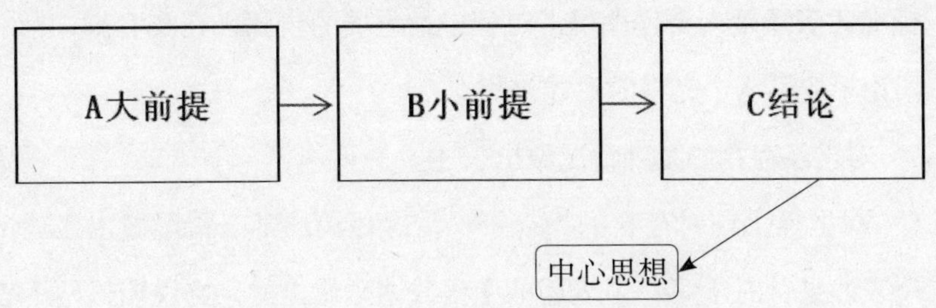

可以看到，大前提、小前提、结论三项中心要素与需要论证的中心思想形成了倒金字塔式的模型，而这一模型其实也是演绎推理的一个具体过程。

在演绎推理实现的过程中，有两种形式常被用到：一种是标准式；另一种是常见式。演绎三段论即标准式，而现象、原因与解决方式则是常见式。比如，现象是团队的业绩开始下滑，原因是人员的能力有待提升，解决方案则是抓紧内部课程的开发与培训。如下图所示。

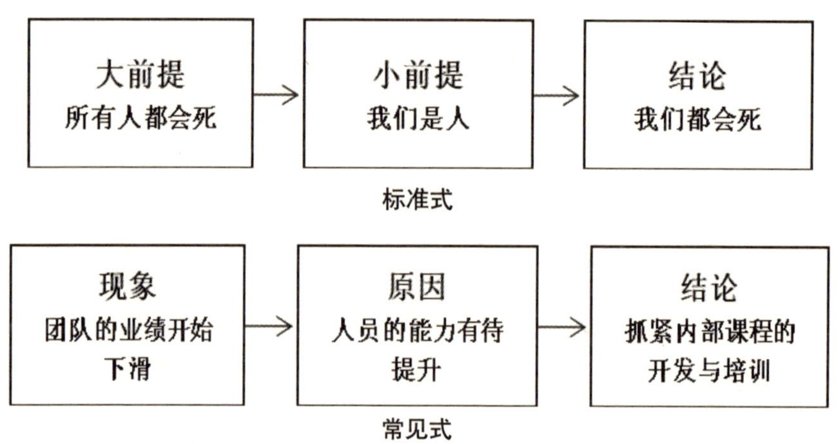

现在，我们先对标准式演绎展开讨论。

标准式演绎是理性思考的基础

标准式演绎是人类理性思考过程中最重要的步骤，在我看来，标准式的三段论形成了一个完整的论述过程。

① 对已经存在的某种情况做出表述。

② 对世界上同时存在的、与第一情况相关的某一情况做出表述；若第二个表述是针对于第一个表述的主语或谓语做出的，则说明这两个表述

是相关的。

③ 说明这两种情况同时存在所透露出来的隐含意义。

在这个论述过程中，最值得注意的地方在于，一个推理是否能够合理地得出结论，实际上并不取决于前提与结论的主要内容，而是取决于其形式之中是否经得起逻辑上的推敲。

这种特别之处可以通过下述例子看出来。

① 所有哺乳动物都有心脏，所有熊类都是哺乳动物，所以，所有熊类都有心脏。

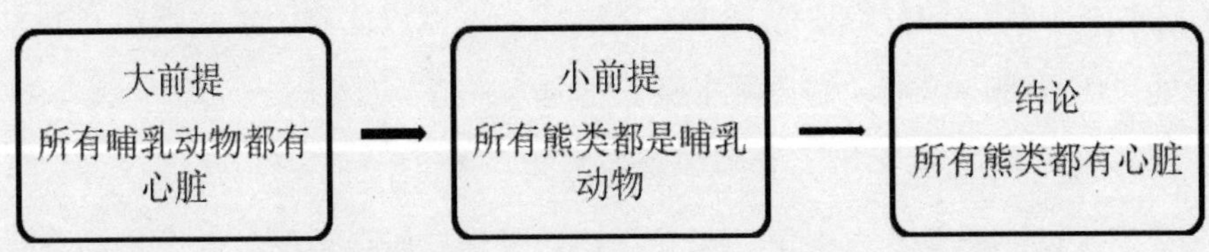

② 所有有心脏的动物都有肾脏，所有熊类都是有心脏的动物，所以，所有熊类都是有肾脏的动物。

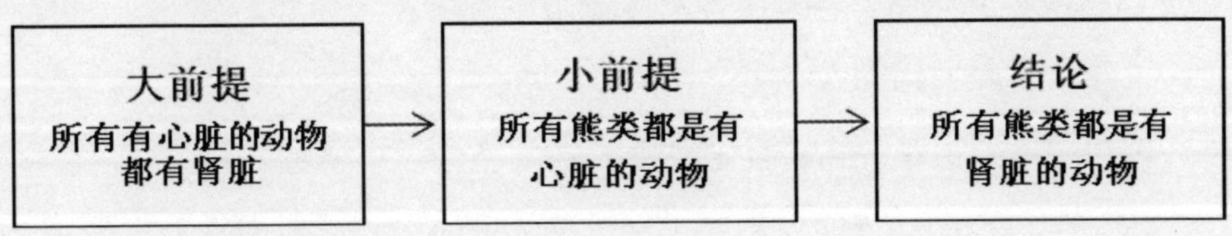

可以看到，这两个推理的大前提与结论的“内容”并不相同，但是它们的形式是相同的。如果使用更直观的形式表示，那么该推理过程便可以转变为：

所有 A 都是 B，所有 C 都是 A，所以，所有 C 都是 B。

之所以在此处详尽地介绍演绎推理的原理，是因为在结构化的表达之中，只要能够妥善地运用这种演绎方式，便可以形成极为强大的说服力，因为其背后是由强大的逻辑理论作为依据的。

标准式演绎可极大提升个人说服力

标准式演绎能够极大提升个人说服力。但值得注意的是，在建立起自己的说服推理过程中，你必须注意下述内容。

◆ 在一个三段论中，其中项必须为同一意义。

在三段论的三个概念里，在其分别重复的两次出现中，必须指向同一对象，必须具备同一外延，否则三段论便是错误的。

比如：

我国的大学分布于全国各地；

北京大学是我国的大学；

所以，北京大学分布于全国各地。

这个三段论的结论明显是错误的，但在两个前提是真的情况下，其中项“我国的大学”未能保持一致：在大前提中，它表示的是“我国的大学”的总体；而在小前提中，它却是一个普通的概念，并非之前所提及的集合概念。这使它在两次重复中表示的是两个截然不同的指向，这样一来，大前提与小前提便无法通过中项联系起来，自然也无法推导出正确的结论。

◆ 中项必须在前提中至少周延一次。

作为连接大、小前提的重要媒介，中项必须被至少断定一次它的全部外延（周延），以避免两个前提都只与其一部分外延发生联系的情况，否则便无法推理出正确的结论。

例如，在下述三段论中：

一切塑料都是可塑的；

金属是可塑的；

所以，塑料是金属。

在该论断中，“可塑的”并没有周延，它到底是“可塑的”什么？因为没有了这部分的周延，所以，金属、塑料都是“可塑的”一部分对象，也就不能推断出金属与塑料之间到底有什么关系。

◆ 两个前提必须周延，否则结论中两者也不能周延。

此类最常见的错误论断为：

优秀员工需要努力工作；

我不是优秀员工；

所以，我不需要努力工作。

其论断错误就在于，“需要努力工作”的人并不仅是“优秀员工”这一类群体，在这类未曾周延的内容中，哪怕你的前提是真的，也无法保证得出的结论是真的。

现实运用中的演绎要遵循语言简洁化

在现实生活中，为了实现语言的简洁，我们在表达三段论时往往会大范围地采取省略形式。在有些阐述中我们会省略大前提，有些则会省略小前提，有时候则会省略不言而喻的结论。

看以下这个三段论：

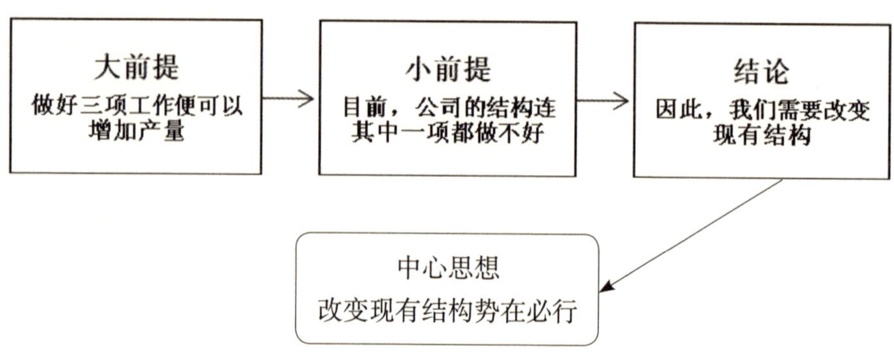

如果将这一结构完整地阐述出来，则可能会使推理过程显得呆板而冗长，而且极有可能引发听众误解："你是在低估我们的智商吗？这样的事情也需要如此烦琐地说？"因此，在进行说明时，如果你的听众可以理解并同意略去其中步骤，那么，你可以直接从前提给出结论："公司要想增加产量，必须改变现有结构。"

标准式演绎最大的好处就在于，它可以得出一个必然存在的结论，从而增强你的表达说服力。而熟练运用这一演绎结构的关键就在于，你必须掌握正确的大前提，因为大前提一般都是一些一般性的原理、行业规律、基本规则等常识。所以，想要更有力地说服其他人，你就需要在掌握基本常识的基础上更妥善地运用标准式演绎。

2. 从现象入手，寻找原因与方案

演绎推理除了标准的三段论，还有一种常见式。之所以称它为常见式，是因为它真的非常常见。就算你没有学过结构思考力，也常常会运用到这种“现象→原因→解决方案”式的解决方法。比如，当你写工作总结时，总是会先说工作中遇到了哪些问题，然后再分析这些问题是什么原因造成的，最后再针对性地提出几项改进建议，这种结构便是最常见的演绎结构。

在我为客户展开咨询的过程中，曾经遇到这样的案例，它所使用的便是常见式演绎。

某业务团队的负责人希望跟上司建议增加客户经理的一支支持团队，以提升营销拓展效能。其设定的目标为“争取管理层同意启动该项目，按本方案实施该项目”，而基于该目标所形成的主题是“建立支持客户经理团队，提升营销效能”。

按照现象、原因、解决方案的演绎推论，我们建立起了如下图所示的项目结构。

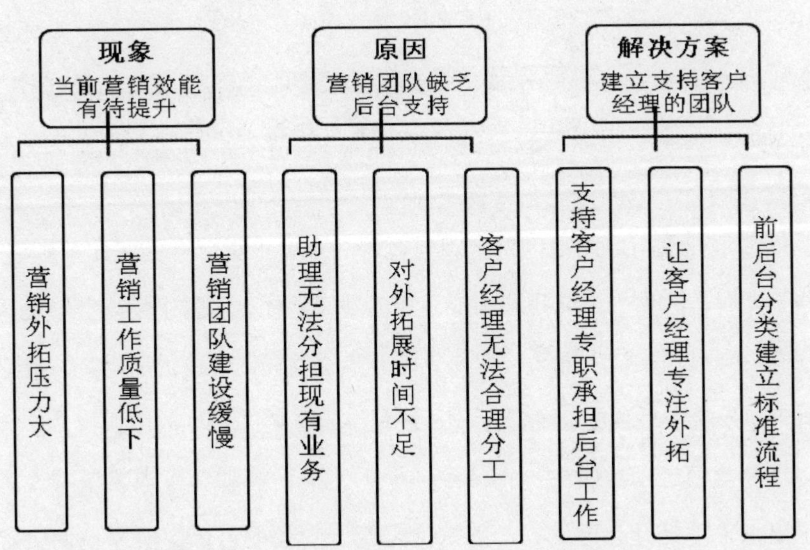

从上图中可以看出，在工作过程中，常见式最能够起到说服作用：由

现象、原因、解决方案入手的阐述方式其实相当于从是什么、为什么、如何做三个方面入手，对你的结论（中心思想）进行支撑，这使得该表述方式被广泛运用于问题解决、专项汇报、方案推介等多个方面的呈现。

与标准式有可能产生的冗长相比，常见式演绎最大的优势就在于，你可以在结构化图表中使用一级目标体现出自己想要说的是什么，这使你的说法、结论与理由都更容易被人们所接受。

不过，在使用常见式展开表达时，我们也需要明确以下内容。

注意：现象并非原因

在针对某个问题进行思考、阐述解决方案时，人们常常会犯的一个错误就是，将现象与原因混淆，或者没有分析直接的原因，只是凭借现象便做出判断，直接进入解决方案的设计阶段。如下图所示。

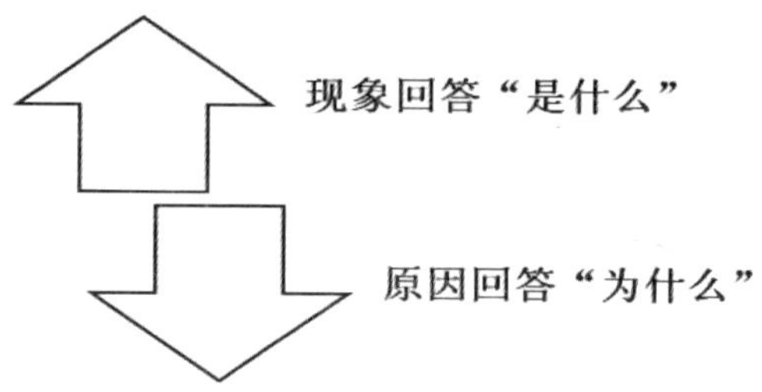

搞清楚现象与原因是区别主观与客观的重要步骤，这就好比医生治病：高烧不退时，医生一定会找到病根，找出到底是什么引发了发烧。若是因为嗓子发炎导致了发烧，那么，就要先治好嗓子发炎，才能彻底退烧。在这个过程中，发烧便是现象，而嗓子发炎便是导致发烧的根本原因。

正如我们之前常听的一则故事：一天，动物管理员发现袋鼠从笼子里跑了出来，于是开会讨论，一致认为是笼子的高度过低。所以他们决定将笼子的高度由原来的 10 米加高到 20 米。结果第二天他们发现袋鼠还是跑到外面，所以他们决定再将高度加到30米……小袋鼠问袋鼠妈妈："明天他们还会加高笼子吗？"袋鼠妈妈回答："如果他们还不关门，那么还会增加笼子的高度。"

袋鼠跑出去是因为门没关，但是解决办法却是加高笼子。虽然这是一则童话故事，但是在工作、生活中都有实际的例子。所以，现象与原因是两个不同的概念，需要我们严格地进行区别。

各组思想应完全地遵循结构化

想象一下：这样的场景你是否会感觉滑稽？

开会的时候，一位下属发表意见："经理，经过分析，我发现当前的项目管理存在着流程混乱的问题。在我看来，这些问题包括四点，分别为……"

你点头认可："分析得不错，针对这些问题，你是否有什么改进建议？"

你的下属告诉你："我认为，想要解决这些问题，我们需要从以下五点进行改进……"当你浪费时间听完他的陈述以后却发现，他所提出的五个措施与他之前提出的四个问题完全没有逻辑上的关系，或者对应关系极为混乱，使得你根本不知道到底哪个措施是用来解决哪个问题的，或者那些问题是否真的能够通过这些措施来解决。

在这种情况下，你敢接受他的建议吗？

回答当然是否定的，而这位下属的建议不被接受的原因就在于，在思考与表达时未能遵循结构化。在演绎的常见式中，如果完全遵循结构化，提出了四种现象，那么，在分析原因时也会针对这四种现象展开，最后给出的解决方法也是与这四种现象一一对应的，即现象、原因与解决方案应该是前后呼应的。

当然，这种结构化对应的要求其实不仅局限于演绎结构中的具体运用，事实上，在管理者工作的方方面面，都应体现与运用这种结构化的思维模式。

3. 演绎与归纳，按需求选择使用哪一个

通过对演绎推理的阐述可以看出，演绎推理因为是横向展开的，因此，在表达时很容易令人产生误解。

这种误解可以从使用演绎法组织的文章中窥见一斑。在一份告诉董事会必须以某种方式展开改革的报告中，若论述的基本推理过程以演绎法展开——哪怕运用的是已能够尽量体现简洁目标的常见式，那么其表达也往往是按下图展开的。

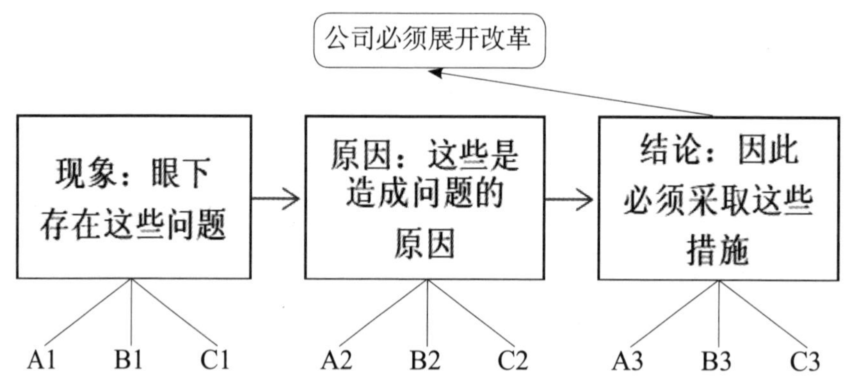

为了理解阐述者的思维，读者首先必须理解目前存在的问题，可关键在于，将问题与原因、措施一一连接是一个需要耗费大量时间与精力的过程，如果对方处于职级优势状态下，则未必有时间、有精力、有兴趣看你写出来的长篇大论。结构的复杂造成了困境：此时，表达变成了邀功，而理解成了负担。

相比之下，使用归纳法表达，便可以使表达者与读者都省去不少时间。

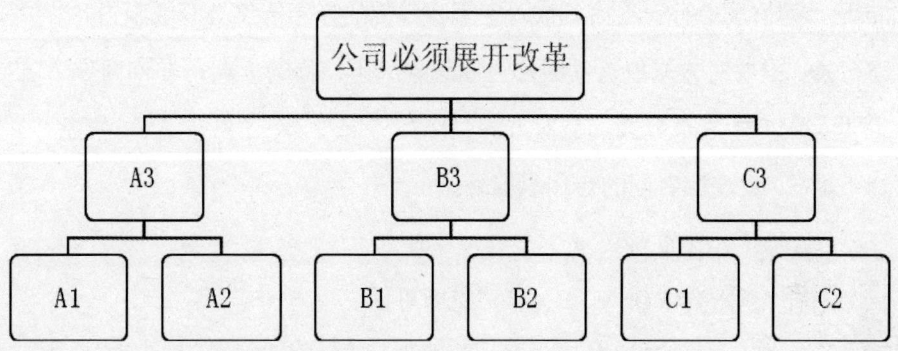

在上图中，表述过程将提出“为什么”（A3、B3、C3）与“如何做到”这两个疑问的顺序进行了颠倒，先提出了如何做到，然后又解释了怎样去做。这样的做法虽然也运用了演绎法，但因为金字塔的上层结构是立足于归纳法展开的，所以直接回答了读者的主要疑问，而且思路极其清晰：通过归类与总结，将所有关于某一主题的信息都集中在一起，不同主题之间的思维界限变得极其明确。

虽然在此之前我们总结过时间、空间与重要性的架构顺序，但是，想要达到如此娴熟地运用归纳法并不容易，你首先需要懂得什么时候要使用演绎推理、什么时候要运用归纳推理。

两种情况，使用归纳推理

在下述两种情况下，你应首选归纳推理法。

◆ 对方关注解决方案时。

在问题面前，如果对方并不关注问题产生的原因，而是更关注到底要如何解决，那么你便应将重点放在对解决问题方案的归纳上：“解决方法有三，第一点是……第二点是……第三点是……”

这样的归纳阐述可以让对方记住要点，从而形成清晰的认知；更重要的是，哪怕其中有一项措施被否定了，其他的方案依然具有说服力。

◆ 需要对方采取行动时你可以想象一下，你的上司正在询问你：“告诉我，怎样才能促成我们与对方的合作？”

你：“促成两者间的合作很容易。”

上司：“怎样做到？”

你：“只需要做到 A、B、C 三点即可。”

很显然，在这种情况下，我们需要使用归纳法建立起表述结构。如下图所示。

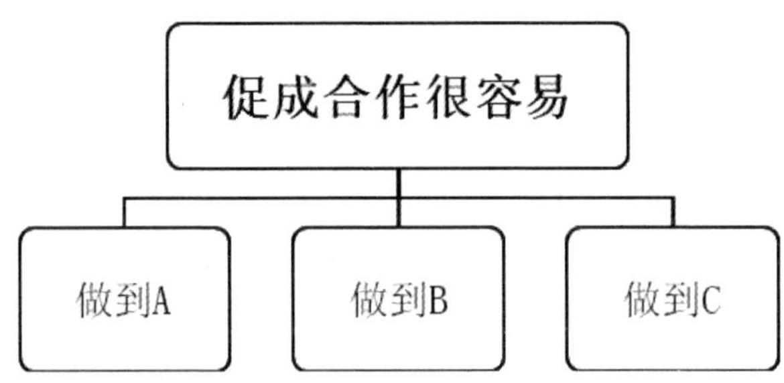

三种情况，使用演绎推理

在下述三种情况下，你需要使用演绎推理的结构法。

◆ 需要指明采取行动的原因时。

当你更需要向他人指明采取行动的原因而非行动本身时，你就需要使用演绎推理。

将上面的案例演变一下，你的上司询问你："告诉我，怎样才能促成我们与对方的合作？"

你："我们现在不应与之合作，而是要与之保持距离。"

上司："为什么？你确定这样对我们的好处更多？"

在这种情况下，你便需要通过演绎推理论述"合作的弊端"。如下图所示。

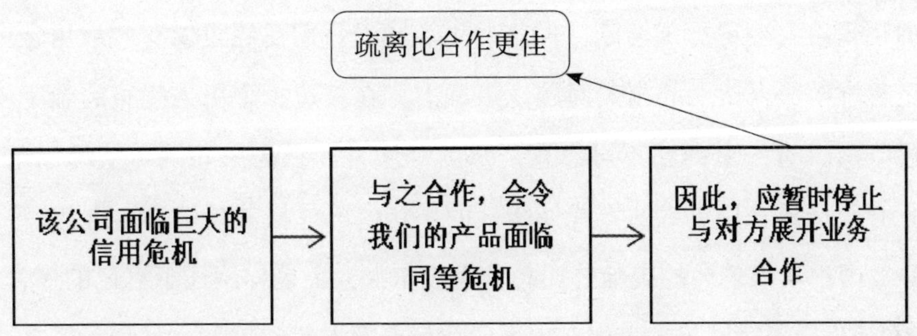

◆ 如果不解释，对方便无法理解行动时。

还有一种需要使用演绎推理的情况：如果不首先解释，对方便无法理解需要采取的行动。在一般情况下，进行风险分析时更多地需要使用这种方式，因为你的表达对象或许需要先理解你分析的思路，才能进一步根据自己的理解了解分析方法中采取的具体措施，到底对解决问题有什么样的帮助。

◆ 需要说服对方时。

当你需要说服对方或觉得对方可能会有抵触心理的时候，用演绎推理的方式会更好一些。比如，通过大前提以无可争议的说法陈述情况，小前提是对情况的评论意见，结论是情况所代表的含义及评论，通过这种方式表达可以得出一个必然的结果。

4. 用序言在听众头脑里构建画面感

掌握了演绎推理与归纳推理的具体运用方式以后，我们在表达方面的逻辑将会变得更加清晰，但这并不意味着我们已经可以有效运用金字塔思维解决表达上的相关问题。事实上，在打造一个更为完整的金字塔思维时，有一个问题不可忽视，那就是序言。在运用归纳与演绎以前，你必须选择一种更好的方式使听众的头脑中出现与主题相关的话题。

国内一家著名的电脑公司总裁在股东大会上这样阐述了自己的序言："在最近两年时间里，公司在国内的市场份额占到了20%，共增长了高达9个百分点。可是与此同时，在过去两年时间里，我们的利润却并未随着市场份额的增长而增长，反而下降了2%。在这种情况下，我们应如何确保利润额与销售额成正比？我想，关键就在于，我们必须找到一种更积极有效的管理模式降低不必要的成本与内耗。"

在这个序言中：

"在最近两年时间里，公司在国内的市场份额占到了20%，共增长了高达9个百分点"这句话交代了背景。

"在过去两年时间里，我们的利润额……下降了2%"表明了内在的冲突，而这必定会引发有关"如何确保销售额和利润额成正比"的疑问。

接下来便是如何针对"确保销售额和利润额成正比"的答案进行解

答：“找到一种更积极有效的管理模式。”

通过这个序言，该总裁实际上借助疑问确定了一个表达的中心论点，即打造一个降低内耗的管理模式。接下来他可以利用金字塔思维，通过演绎与归纳搭建起一个更有逻辑性的表达。

在这个例子中，我们可以看出，序言的最终目的并非说一堆介绍性的话，也不是单纯地告诉他人到底发生了什么，而是为了引出自己要表达的中心思想与观点。为了突出这样的目的，序言总是会有多种不同的结构模式。不过，所有的序言结构模式都应建立在 SCQA 模式之上。

明确序言的 SCQA 模式

在我们上面举出的例子中，那位总裁的序言其实运用了 SCQA 模式，其中，S 为背景，C 指冲突，Q 为疑问，A 为回答。

◆ S——背景。

背景即现状。心理学家认为，在接收信息时，人们往往更愿意先接收那些他们已知、已认可的内容。因此，在序言之中所提及的背景也多是交代一些听众已经知道的信息，或者与主题相关的、听众已认可或肯定会认可的内容。

◆ C——冲突。

即与现状不一致、不和谐甚至相反的内容。在序言中出现的冲突应注意首先要与现状存在不一致与对立，同时还要是双方能够明显感知的。只有双方都意识到了冲突的存在，接下来的问题阐述与解决方案才会引发更多的共鸣。

◆ Q——疑问。

即提出问题。人的大脑在遇到背景与冲突时，会自然地发出“为什么”，并会产生“怎么办”“如何解决”一类的疑问。在序言中指出这种疑问，可以使听众意识到这些问题并非自己独有的，其他人也意识到了，同时也可以抓住听众的兴趣，使之对后面的内容产生兴趣。

◆ A——回答。

即答案或解决方案。前面提出了问题，后面便要解决问题。这里的回答就是为了解决前面的问题而进行的，同时也是为了后面的主要内容展开做开头。

如果将 SCQA 模式作为序言的基础模式，那么，依据该模式，我们还可以演化出其他三种不同的结构模式。

CSQA 的冲突优先式

即按照“冲突→背景→疑问→回答”的模式展开序言。这种将冲突放在首位的方式常用于现实冲突明显时。在表达一开始便直接说明这个冲突，这样反而能够引起对方的兴趣，因为听众很快就会发现，这个问题非常重要，进而便会生起想要听你好好说的欲望。

案例中的序言如果使用这一模式，那么其表达方式便会演变成这样：“眼下，我们有一个不可忽视的问题。过去两年间，我们的利润额已经下降了 2%，而事实上，在这段时间里，公司在国内市场的份额占到了 20%，增长了高达 9 个百分点。那么，我们应如何确保销售额和利润额成正比？我想现在我们必须找到一种更为有效的管理模式，以降低不必要的内耗和成本。”

ASC 的开门见山式

即按照“回答→背景→冲突”的顺序展开序言。在这种模式的表达中，只有回答是对方未曾了解或者认可的，如果贸然使用，则很容易让对方一开始便对表达的内容产生反感。因此，这种模式一般用在时间紧迫、信息复杂或听众需要的情况下。

开门见山的结构在运用于现实中时，可以这样表达：“我想现在我们必须找到一种更为有效的管理模式降低不必要的内耗和成本。最近两年，公司在国内的市场份额占到了 20%，共增长了 9 个百分点；但是与此同时，在过去两年时间里，我们的利润额却下降了 2%。现在，这一问题急需我们解决。到底应如何确保销售额和利润额成正比？”

QSCA 的突出信心式

即按照“疑问→背景→冲突→回答”的模式展开序言。采用这一模式，多是因为即使没有背景与冲突的交代，听众可能也有过类似的疑问，而你对自己的回答可以切实解决这一疑问有十足的信心。

以上述案例为例，在突出信心时，该序言可以这样阐述：“我们应如何确保销售额与利润额成正比？最近两年，公司在国内的市场份额占到了 20%，增长了 9 个百分点；但是与此同时，在过去两年时间里，我们的利润额却下降了 2%。我想现在我们必须找到一种更为有效的管理模式降低不必要的内耗和成本。”

这几种序言的结构类型虽然都建立在背景、冲突、疑问与回答的基础之上，但因为顺序发生了变化，所以可以按照各自不同的需求发挥出序言的基本功能，从而使听众在头脑中构建出你要说什么的画面感的同时，还可凸显出结构化表述的中心思想。

5. 三角结构突显专业、慎思的全局力

有时候，对话双方所传达的信息虽然都正确，但表达却未必有逻辑，而这种问题常常会发生在上下级的交流之中。

下属："顾客打电话抱怨说，产品的新功能存在瑕疵。"

管理者："那么，你们准备怎么办？"

在下属的话中，虽然有理由（论据）的说明，但并未给出结论，因此，管理者才会问结论是什么。

另一种情况则是：

管理者："这份企划书需要提前，你必须在明天早上 9 点前交上来！"

下属："好的，知道了。"

管理者的话中虽然有结论，但却没有理由，因此，下属只知道任务紧急，但不知道为什么该任务会这样紧急。

这样的交流虽然彼此传达的信息都是正确的，但交流并不顺畅，而不顺畅的原因就在于缺乏逻辑语言的三大要点。如下图所示。

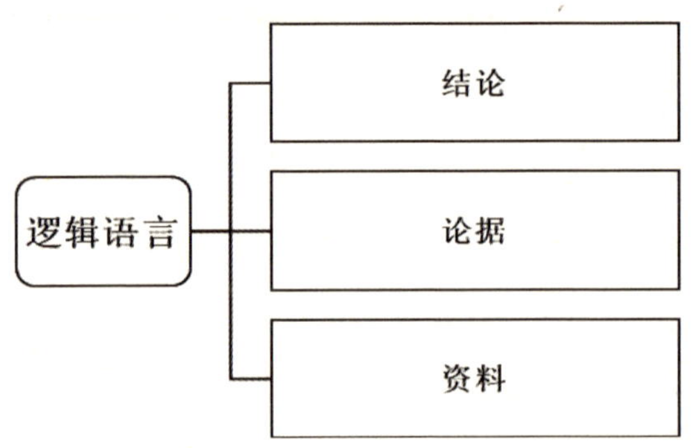

逻辑语言的三要素之所以重要，关键在于它给出了一个完整的诠释过程。仅拿对某观点的论述来说，如果听众认为主题与你给出的解答之间的关系存在问题，那么他便很可能无法信服于相关理论，并选择不信任你的说法。因此，任何有效的主题内容在陈述时，都应具备下述三个要素：结论、论据及资料。唯有三者环环相扣、彼此相连，才能由论据导出结论，使资料证实结论。

三角逻辑造就有力陈述

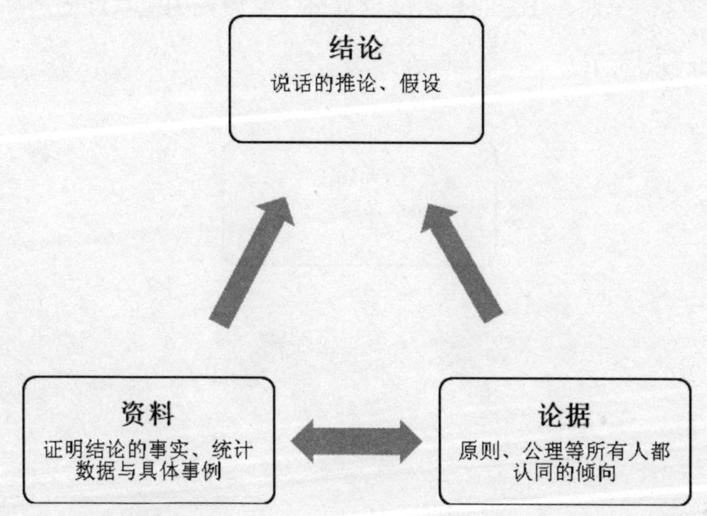

在上图这个三角逻辑中，三角形的顶点是结论，三角形底边的左右两个点就是资料和论据。

结论是什么？它是你需要表达的推论、观点或假设。

论据是什么？它是大家普遍认同的观点，比如，原理、公式、公理、常识等不可被反驳的公认合理存在。

资料是什么？它是你为了说明自我主张而举的事例、统计数据等。

我们都知道，三角形是最稳定、最能带给人力量感的结构，而利用三要素组成的逻辑中，你的资料、论据与结论相互佐证、相互证明，他人便很容易感觉你逻辑严谨、听上去很有道理，这样一来，便可达到说服对方的目的。

在现实表达中使用三角逻辑时，我们可以看这样一个例子：首先我们将“公司决定聘请某知名演员担任产品代言人”的事实当成资料，然后将“如果请知名演员代言新产品，那么，产品知名度便会提升，进而成为粉丝眼中的热门产品”这样一般化的大众观点与法则作为论据，于是便可以推导出“这样一来，我们的新产品也有机会慢慢成为受欢迎的产品”这一结论。如下图所示。

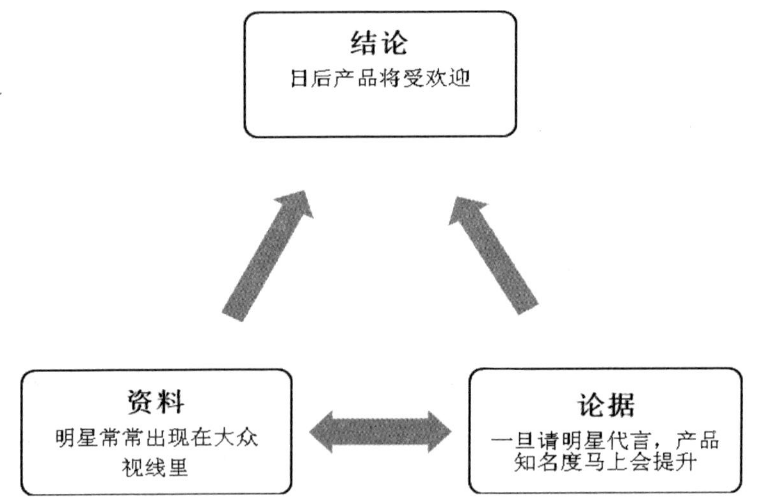

三角逻辑的具体运用

从上图可以看到，三角逻辑的说话方式其实运用了三项内容，而按照这一顺序，你可以先说结论①，再强调论据②，随后提供资料③，最后再强调一次结论①。如下图所示。

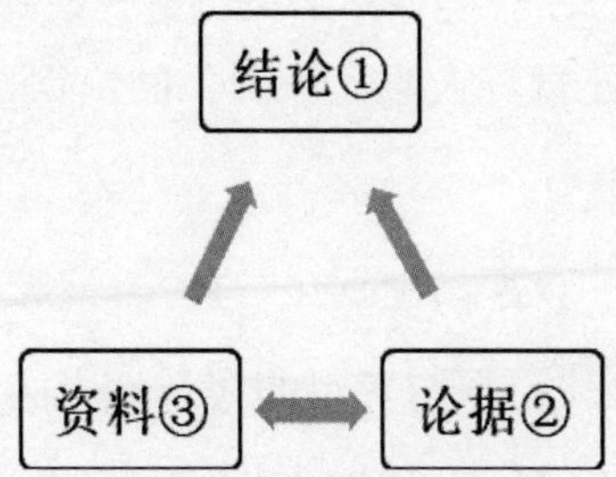

按照这一顺序展开对话，不管你是要进行报告，还是要展开意见提案，都可以使话语变得语句通顺、明确易懂。如果调整三要素的顺序，按照“③→②→①”的顺序展开，那么内容的简洁性与逻辑性都会大幅度下降。原因很简单：从③开始时，往往意味着你需要从具体、细小的事情或现象入手，然后再对这些实例或现实进行详细的剖析，而这相当于将自己的话放在了最后。

在对话过程中，听众的注意力并不能持续很久，如果将你最想说的内容放在最后，那么，你想说的内容被理解与支持的概率会大大降低。

运用多层三角逻辑提升说服力

当你的论据没有说服力时，就算你引用的数据、资料再准确，你的主张也不具备强有力的说服力，对方自然不会接受。

另一种情况则是，当你面对并不了解产品或事项背景的人展开说明时，即便你自己很清楚这一以数据、资料形式呈现的论据极其正确，但如果对方不具备相应的背景知识，那么，你的论据对他便没有任何意义。

在这两种情况下，如果你想加强论据，便可以使用多层三角逻辑。

这是使用多层论据武装结论的方法。比如，将“某天使投资人投资了

A 领域”作为资料，将“该天使投资人眼光独到，投资该领域意味着一定有利可图”作为论据，将“投资该领域，公司便会盈利”作为结论，如果对方不承认“该天使投资人眼光独到”的论据，那么，你“公司会盈利”的结论便不具备说服力。

此时，如果进一步提出论据 ：“过去，该天使投资人展开的十几项投资皆是如此”，便可使论据与资料的客观性大大增强，从而提升最终结论“公司会盈利”的说服力。如下图所示。

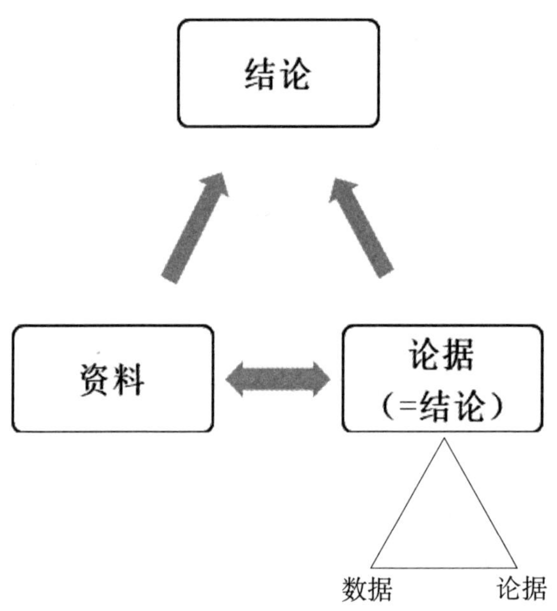

对于一些没有意义的会话，即便使用逆三角的形式说话也无关紧要。但是，如果你有明确的说话目的，或本身处于较为郑重的场合，就一定要使用三角逻辑的说话顺序，这样不仅可以有效吸引听众的注意力，你也可以通过简洁、有逻辑的说话方式增强自我观点的说服力。

6．从你想要的结果推导表达的方式

说话顺序的安排是一件极体现思维能力的事情：我们很容易发现，同样一句话，如果前后颠倒说话顺序，便可以带给人天壤之别的感受——这是一件非常奇妙的事情。在这方面，我们可以举出许多例子佐证。

清朝将领曾国藩曾与太平天国军对战，大败之后斗志颓丧，因此，在向朝廷汇报战况时写道“屡战屡败”，同僚以为不可取。一番讨论以后，改成了“屡败屡战”。朝廷看完以后，非但不认为曾国藩是一名败将，反而更赞许他勇气可嘉。

作家刘墉也曾经针对“说话的顺序”这一话题展开演讲，并举出了一个极有意思的例子。

假设你是一名钢琴家教，最近要涨学费了，如果你先对家长说，下一次要开始涨价了，那么家长很可能会皱眉头。此时，如果你接着说，因为小孩越弹越好，要教更高级的技巧了，那么，家长可能一撇嘴：“得了吧！我听啊，弹得和以前一样烂。”——你所谓的“教授更高钢琴技巧”对家长来说，不过是涨价的借口而已。

如果你换个说话顺序，先说：“恭喜啊，您的孩子进步很快，下一次就可以教授更高级的技巧了。”家长心里肯定会非常高兴：“真的吗？不错啊！”此时，你再说：“不过，因为技巧升级，学费可能也需要稍微调整一些。”此时，家长更容易接受“涨价”这件事，因为他已先入为主地接受了“孩子的技巧进步，所以需要新技巧”的事实。

相同的意思，不同的表达方式，最终效果有时候是截然相反的。因此，唯有将说话顺序安排得当，才能使你的表达变得更中听、更有效率，进而获得理想的表达效果。

推介时先确认对方意愿

由于工作关系，在向管理层或客户提议以前，我一定会先取得对方的“倾听意愿”，确定对方愿意听下去。

以下是我和某公司的总经理就委托内容的对话。

客户：“我希望这次培训能提升公司的整体工作效率。”

我：“好的，我知道了，接下来，我会提供几份有关提升团队效率的、不同类型的培训资料给您。在此之前，我需要先确认您的需求、希望的条件；接着，您可以在我提供的资料里判断，选择符合需求的大概主题后，如果您想接下来继续深入了解，那么我再提供给您更具体的资料，可以吗？”

客户：“嗯……听着还行！”

我：“如果除此以外，您还有预算或其他方面的考量，是否能一并告诉我？毕竟一开始就清楚您的需求，我就能更精确地针对您的条件设计接下来的培训。请不要客气，直接说好吗？”

由于推介，特别是面向客户的推介是一项牵涉双方利益的事情，若在对方暧昧不清的同意下展开后续谈话，对方便极有可能在中间否认自己的需求，而这样对双方的资源都是一种浪费。因此，在进入主题以前，绝不可以省略向对方确认倾听意愿的步骤，在对方明确地表示认同以后，才能展开下一步。

报告时先说结论

一般情况下，说话的具体顺序选择需要视情况而定，但在向上报告时，最好的办法是将结论放在最前面，接着说第二重要部分，然后按照重要性递减的原则一直往下说。

很多人却正好相反，他们习惯按照时间顺序，从事情发生的开头说起，这样很容易让报告变成一长串的流水账。这样报告，听着听着便会看到对方流露出了不耐烦的表情。对方之所以不耐烦，原因就在于他们未能从你的报告中听出简洁、有力的重点。

这也是管理者需要注意的一个表达问题：不管是向管理层报告、向客户简报还是在会议中发言等，在开场白里一定要先亮出底牌，将结论说在前，接下去才是论述。这种表达方法的优势就在于，你可以依据时间的长短进行调整，时间长的话，可以将重点一一道来；时间短的话，则说到你认为重要的大前提即可，因为接下来的细节就算对方不想听，也不会影响对方对整件事情的了解程度。

提案时重点放在“好处”上

提案多是一种向上对话，在这种情况下，你需要考虑到客户、老板等人想知道什么的意愿，同时还要考虑对方的个性与做事风格。每个人的个性与做事风格都不同，比如，有些客户属于微型关注者，凡事都需要知道细节后才肯签最后合同；有些老板则属于大方向管理者，他们只要清楚你是从公司的利益出发的，便愿意放手让你尝试。

因此，提案时，不必事无巨细，只需先让主管知道你要讲什么，再解释为什么会有这样的想法，最后再说执行细节，把“好处”说清楚才是重点。

在这一过程中，使用倒金字塔式的“5W1H”原则依然是卓有成效的方法。如下图所示。

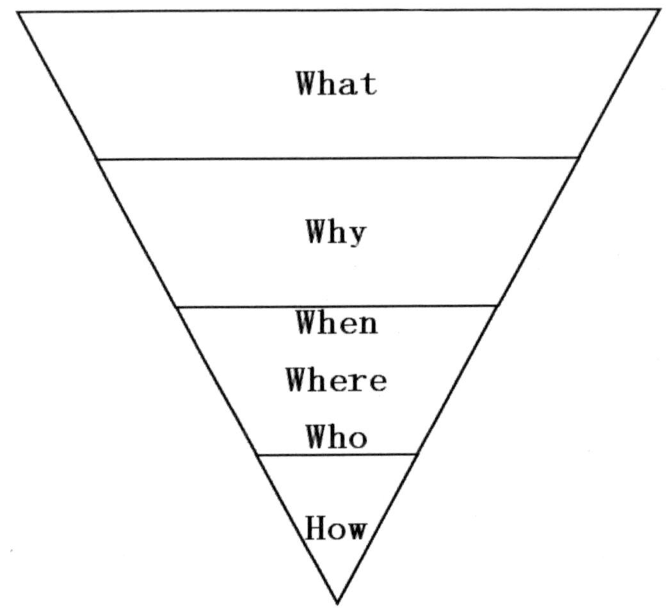

其具体流程如下。

① What：开宗明义地点出提案方向，使对方了解这次对话的主要目的，如“观察到消费者近期流失的原因是竞争对手正在搞促销，或许我们也可以展开一系列针对节假日的促销活动”“新产品的市场定位与我们的其他产品有重叠，我认为在这些方面必须做出调整”。

② Why：这也是提案的重中之重，你应说明自己为什么会提出这样的建议，对组织、客户或消费者有什么样的帮助。此部分是提案的关键，如果你提出来的理由与对方的需求契合，那么，提案通过的概率便会大大提升。如下图所示。

可增强提案通过率的三项内容

- 使用数字、数据等证明对组织的帮助。
- 用企业已有的成功案例佐证提案的可行性。
- 从财务方面出发，点出提案可带来多少利益或节省多少成本。

③ When、Where、Who：这一步骤涉及提案的具体部署与实践计划，你应明白，此提案希望在何时何地推出、预计的进度与参与者为何。

④ How：指出提案的执行方法与细节。

按照这样的倒金字塔步骤，提案成功的概率便会大大增加。

值得一提的是，就算在对话展开前你已经事先取得了认同与聆听的意愿，如果在对话中对方表现出了无法给出明确认同的信号，那么，在这种情况下，最好不要再让对话持续下去。

最典型的代表是，当对方微微歪着头，只以“嗯……”“喔……”“可能是这样吧……”一类的敷衍回应做出回复时，都不算明确的同意信号。此时，你便应意识到，对方的期望和要求可能与你预期的不同，就算再硬着头皮持续对话，多半也无法打动对方。

我很了解话题进行到一半喊停的失落感，但为了不浪费彼此的时间与精力，再次重组对话内容与顺序便显得尤其必要。

7. 呈现因果关系，明确推导风险的必要过程

想要在设计方案、解决问题的时候更好地审视问题，你就必须明确环境因素。所有的问题都产生在某一环境之中，你只有明确了环境因素的各个构成要素以后，才有机会进一步分析各个构成要素是否会成为影响问题发展与解决的风险因素。

为了便于将影响问题解决的环境因素逐一分离并进行评估，你可以借鉴以下风险剖析表。

风险剖析表

- 关键的不确定性因素有哪些？
- 这些不确定性可能导致的结果是什么？
- 每种结果发生的概率是多少？
- 该结果如果发生了，将产生什么样的结果？

风险剖析表是对各类环境因素有可能造成的结果的分析表，通过上述四个问题，你便可以分析出有关环境的不确定因素对问题的作用与影响方式。这有利于你忽略那些琐碎的因素，并专注于研究那些对问题解决产生影响的关键环境因素，从而进一步确定出更好的解决问题的方案。

我们可以通过以下融合了解如何在结构化思考中绘制并运用风险剖析表。

你是一家企业的公关部经理，受公司高层委托，起草一项为公司的重要客户举办户外酒会的计划，以对这些客户在过去一年里对公司的支持表示感谢。对于这场酒会，身为主办方，你自然希望所有的客户都可以乐在其中并真正地参与其中。

之后，你在调查了所有客户的个人喜好，结合了公司的现有资源以后发现，最好的方案有两个：

一是带有运动设施与娱乐设施的野外烧烤聚会。

二是承包一家大酒店，举办一次舞会。

初步设计出这两个方案后，你感觉野外烧烤聚会更符合你的目标：客户会因为新鲜感而乐于参与，甚至有可能带他们的家属参会。

但经过一番考虑后，你发现这或许并非明智的选择：与酒店舞会相比，野外烧烤聚会的成功与否更多取决于天气情况。在现在的季节里，虽然一年中的晴天比雨天要多，但谁敢保证聚会那天会不会下雨呢？而下雨就意味着聚会失败了。

在这种情况下，很多客户可能原本计划要来，但因为下雨天便早早退席甚至直接放弃。然而，没有人会因为雨天而错过一场在酒店举办的聚会。

在这种情况下，你会如何选择？

绘制出风险剖析表

如果你有多种选择方案，那么你可以找出风险剖析表的四个要素：不确定的外部因素、可能的结果、结果发生的概率、具体的后果。

按照这四项要素，我们可以将刚刚举出的聚会例子绘制出风险剖析表。

聚会的风险剖析表		
天气	发生概率	后果
晴天	很大	野外烧烤聚会与酒店聚会都可照常进行，但野外烧烤聚更受欢迎
雨天	很小	野外烧烤聚会失败，酒店聚会照常进行

上面只是一张简单的风险剖析表，所涉及的不确定因素只有“天气”一项内容，而且对于这一因素也并非完全无法控制。如果这是你唯一在乎的因素，其实接下来你完全可以想办法控制这一因素，比如，从天气预报中获得那一天的天气信息。

利用三步确定风险因素

管理者所面对的大部分事情都比操办简单的聚会更复杂，大多数影响问题解决的因素都有极大的不确定性。因此，如果你想绘制出更合理的风险剖析表，更全面地认识风险，你就必须找出那些具有决定性意义的关键性不确定外部环境因素，同时摒弃那些对解决问题影响不大的不确定性因素。

这就需要你做好以下几步 ：

① 列出所有有可能对解决问题的目标产生重大影响的不确定因素。

② 逐一考虑这些不确定因素，确认它们可能对目标产生何种程度的影响。

③ 筛选出影响程度最大的少数因素。

在以上的聚会案例中，除了天气，影响决策者的决定中可能还存在诸如成本、出席率等其他不确定性因素。

你作为方案的设计者，在考虑出席率的可能结果时，你肯定会预先设想所有客户都愿意参加两项活动中的任何一项，遇到特殊情况不能出席的除外。这样一来，出席数字便不会影响你的方案。

对于成本，你或许也进行了估算。虽然具体花费会因为客人的数目及他们所选择的食物有所调整，但费用与这些重要客户在过往一年中为你们带来的利润相比，简直是微不足道的，因此，费用同样不会影响你对方案的选择。

换句话说，即使出席率与成本存在一些不确定性，对最终结局都不会有太大的影响。

如此一来，真正起关键作用的不确定因素是天气。不论野外烧烤聚会的计划多么诱人，一旦下雨，很多人就会缺席或提前退席，使聚会不欢而散。这样，你便可以根据天气因素制订出一份风险剖析表。

对他人的方案更谨慎地使用批评式建议

有时候，方案或许是他人制订出来的，在这种情况下，分析风险便显得易如反掌。对管理者来说，具有批判性比具有建设性更容易一些。这就如同设计一样新东西，设计一把新的椅子很不容易，但是，当别人将它设计出来以后，批评它哪里设计得不好却非常容易：如果椅子简约，你可以说它太乏味了；如果椅子精致，你又可以说它太庸俗或者太自命不凡了——只要是存心挑问题，那么对于任何事情你都可以找到理由进行批判。

有些管理者想要通过批评别人建立自己的价值和形象。比如，在会议中，人人都想介入，想受到关注，想有所作为，而最简便可行的方式便是向他人指出："是的……可是……"如果一个建议95%是好的，那么就会有人集中批评剩下的5%。

你需要格外注意这一点：在意见产生阶段，这样做是可以的，因为你在此阶段将机会把这5%的错误修正过来。但是，在建议因为95%的正确率而被采纳时，再进行这样的批评便会起到负面作用。

正确的做法是：在意见被采纳的阶段，只提出那些对实践建议有帮助的方法，而不要再关注风险部分——此时，再关注消极的风险面已毫无意义。

第七章

气场塑造：表达要从技术提升到艺术

表达究竟是艺术还是技术？如果你观赏过如乔布斯、马云等人的演讲，你便会意识到，他们在聚光灯下表现出来的慷慨激昂其实是一种风范。这些出色的演讲者将观点表达变成了展示自我魅力的舞台。想如他们一般，将表达力从技术提升到艺术层面吗？那你必须学习一下如何才能塑造出自己专业化的风范。

1. 让一举手一投足都展示专业力

有关表达，管理者需要明白的一个事实是，你表达的目的是为了沟通。为了成为有效的沟通者，你必须通过举止、行动展示真诚、热情与真挚，以此佐证自己所说的内容。若你无法做到这一点，结果便会令人大失所望。

在礼貌性的掌声里，一位新晋管理者站到了会议讲桌前。他先是揪了揪自己的领带，调整了一下眼镜，又清了一下嗓子，然后以闪烁的目光似看非看地环顾了一下房间，随后说道："今天，我很荣幸能站在这里给大家汇报。我给大家带来了非常鼓舞人心的信息。"

此时，很多听众已经不耐烦了，因此在这位新晋管理者讲出了团队所创下的不错销售成绩后，并没有多少人表现出欢欣鼓舞。

为什么？

首先，这位管理者在一开始便向听众传达出了自身犹豫不安、焦虑紧张的信息，从而埋下了失败的种子：听众的所见与所闻自相矛盾，当这种情况发生时，听众当然只相信他们所见的。

即便你说自己很乐意分享与传达，如果你的一举手一投足都未表现出自己身为传达者的专业力，那么，你的听众便不会相信你。当你说话时，人们不仅判断你的语言，他们还判断你的举手投足。如果你在行动中无法用真挚与诚恳折服听众，那么他们便不能领会你的语言信息。如下图所示。

在进行表达与分享时，听众会通过他们的视觉判断你是否：

- 足够真诚。
- 重视这次对话机会。
- 专业到值得信任。
- 对他们感兴趣，并留意他们。
- 自信，并能掌控局面。

在对话过程中，如何统筹安排并有效运用姿态、手势、动作等非语言工具增强个人说服力、体现出专业化的表达方式？在这里，我认为下述五种方法可以有效加强身体所表达的形象。

通过充足的准备建立起自信

除了准备全面的知识，没有什么比这更能影响你的心理状态了：一个知道自己如何应答提问与质疑的管理者可以有效地散发出迷人的自信，而这是令人信服的一个重要因素。

你准备充足时，你的行为面向的是外在的听众，而不是自己内心的焦虑，你传递与你语言相抵触的视觉信息的可能性也更小，并会发现保持大方自然并非难事。不费吹灰之力，你就能散发出真诚、诚挚和热情的神奇光芒。

想做到这一步，你需要在发表重要讲话、展开重要演讲或进行重要谈话时，反复地练习与排练你的对话材料，直到你可以娴熟地运用它们为止。不过，切忌咬文嚼字，否则刻意地回忆每一个字只会让你紧张而焦虑。相反，对材料进行熟悉即可，这样，你只需要回忆整个思路。

彻底去除会分散注意力的不良习惯动作

国际科学沟通专家芭芭拉·盖斯特说过：“保持轻松姿态的说话者可以使听众全神贯注地聆听而不会产生厌倦。如果他的姿态与手势足够优雅与谦卑，以至于听众忽视了它们的存在，那么，该演讲者便可视为获得了真正的成功。”

当你的所有行动都是为语言服务时，不仅你的形象会表现得更专业，同时你话语的影响力也会大大增强。如果你的舞台行为包含了与信息无关的不良习惯运作，那么这些动作便会分散听众对你话语的注意力。

这也正是成功而有专业力的管理者在表达观点、传达信息时必然会做到的：他们一直在不断地去除障碍，而不是增加身体特征。

你所面临的障碍有哪些？据我观察，几乎每一个表现力不强的管理者都会在对话中表现出一些视觉分散源。

一些如摇晃、抖动、踱步等不良习惯动作会牵涉全身，而一些会让人感觉你缺乏经验、效率低下的分散源包括以下内容。

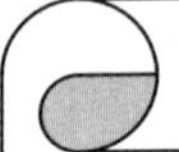

表现你不够专业的分散源

- 紧紧抓住或紧靠演讲台。
- 扣手指。
- 咬或舔嘴唇。
- 把口袋里的零钱弄得叮当响。
- 皱眉头。
- 整理头发或衣服。
- 像摇头风扇一样将头和眼睛从一边转向另一边。

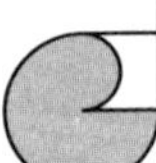

上述行动多呈现两大共同点：它们皆是简单紧张感的身体表现；它们皆在无意识状态下表现出来——说话者甚至自己根本没有意识到它们的出现。

表现出自然、无雕饰且健谈的模样

想要让身体有效说话，最重要的一点就是你必须真实地做自己。

眼下，管理界流行一种观点传播风格，即“夸张交谈”：以和公共演讲家一样的方式，用浮夸的表现、夸张的动作沟通与共享自己的观点。可事实上，这种对话更像一种表演或布道，除了会让人意识到你的浮夸，它于有益管理的表达根本毫无裨益。

因此，如果你真的想通过表达提升自己在管理过程中的表现，引起人们对你的观点与你本人的尊重，你就不应模仿其他演讲者。相反，你需要对自己的所想、所感、所言做出真实而自然的反应，争取做到与对方如同与朋友交流一样自然而真实。

让你的身体正确地反射出你的情绪

现代公共演讲之父戴尔·卡内基写道："一个人在情绪影响下展示出来的是真实的自我，而一个能够让听众感兴趣的演讲者也通常会通过恰当的身体语言展示出自己的有趣。"

如果你所面临的是一次令自己感觉紧张的对话或演讲，那么，你应尽量在演讲中插入充足的、有目的性的身体动作，这样身体才不会无意识地出现那些分散注意力的不良动作。

你应积极运用身体动作的另一个理由是，它们是语言极其有效的视觉辅助，能够加强听众对你所述信息的理解。下面是一些你可恰当采用的身体语言：

① 在讲解或演讲时，向前移步表明你进入了对某个重点的阐述；退后一两步表明结束对一个观点的阐述，准备让听众放松并消化一下前面的内容；横向移动暗示你正从一个观点过渡到另一个观点。

② 在一些实例中，你可以使用身体动作来解释或生动地说明某一具体观点。例如，倘若你正在描述一个身体动作，如投球或赛跑者正竭力撞线并最终微弱取胜，那么你可以用动作进行描述，以帮助听众形象化你的语言。

你应注意的另一个重要身体动作是从一个地方移到另一个地方。除非是会议、正式交谈等坐式交流，管理者在情境对话中多需要在自己讲话的对方面前走来走去。而你在走动的时候最关键的地方在于，你需要保持自我行为的自然、简洁与顺畅。

倘若你对演讲主题感兴趣，相信自己所说的并希望与其他人分享你的信息，那么你的身体动作会油然而发并与你所说的内容保持一致。如果你对信息了如指掌，则无须刻意留意，你就能保持自然大方的状态。

运用恰当的面部表情

冷漠的表情或许在游戏里算是优点，但它是管理者展开有效沟通与表达的障碍：在表达期间，人们会一直注视着你的面部，礼貌是原因之一，另一个原因是通过观察你的脸部，听众将更好地理解你所说的信息。

面部表情往往是确定信息背后所掩藏含义的关键。在你提出一个离经叛道的想法时，倘若你的朋友微笑着对你说“你疯了”，你可能并不会感觉受到了冒犯，甚至有可能会认为朋友是在认可你观点的新鲜度；但如果这种话语伴随的是嘴角向下的轻蔑冷笑呢?

在这个例子中，语言信息一样，但你的反应无疑会大相径庭。

这与心理学所呈现出来的研究结果相同：人们只需要观察说话者的面部表情，便可以轻松地辨别出他们是害怕、好奇、轻松还是生气。而你在进行表达时也一样，听众会通过观察你的面部判断你的态度及确认你是否足够真诚。因此，你应避免呈现出那些无意识的面部动作。如下页图所示。

图中的动作会使听众误认为你无自信、无准备、无经验，并会暴露出你的紧张，进而不愿意相信你所说的。

随意、无帮助的面部表情

- 舔或咬嘴唇。
- 收紧下巴、上扬嘴角。
- 部分面部抽搐。
- 频繁地眨眼。

一旦意识到自己表现出了一些无帮助的面部动作，你应尝试自然地微笑——这是传递友好的关键。在情境恰当的时候微笑，可以使听众意识到你处于积极的分享状态之中。

不管你所采用的是哪种动作，你都应该记住：放松自己，自然地响应自己的想法、态度与情绪是非常重要的。你的一举手一投足都将恰到好处地展示你的说服力与可靠性。

2．镜头感能增强你的话语生命力

当你汇报、演讲或者只是单纯地坐下来与对方对话时，你会用眼睛与对方沟通，以使沟通变得更直接、更有交流性与针对性。在这一过程中，对方的眼神其实就是你最应注意的镜头：不注意这一镜头，不培养镜头感，肯定会破坏这种沟通关系。

不管你的沟通对象是你的上司还是你的下属，他们都同样期望在对话中被重视，并希望感受到自己与说话者进行的个人对接与直接沟通。特别是在公开演讲或者在一个非正式的小组对话中，如果你在说话时没有镜头感，不注意看某个组员的眼睛，那么对方便会有一种被排斥的感觉。同样，如果你无法通过眼神与对方建立起目光接触，形成积极的镜头感，那么对方也会有一种被你忽视的感觉。

从事主持人、演员、模特等职业的人大多懂得如何培养镜头感，他们往往会使用眼睛余光感受到镜头的位置，并据此调整自己所做出的表情、肢体语言等，以求自己能够在镜头下以最佳的角度被记录。对于管理者来说，在表达、阐述等过程中同样需要镜头感，只不过这种镜头感是以观众与你的目光接触为媒介调整的。

不过，很显然，职场中很多管理者并不知道如何培养这种镜头感。有些管理者甚至会在培训时问我：眼睛应该往哪里看？是看着对方的头顶，还是与他们目光相接？是看着坐在前排的人，还是看着坐在后面的人？

不得不承认，当你被一个人甚至多个人注视时，若不熟悉这种氛围，那么你很容易产生恐惧感。假如此时你只懂得将目光投向会议室的屋顶，你苦心想要树立起来的管理形象便会立即坍塌。

我见过一位管理者，他需要向董事会汇报一项重要工作，由于被请去做顾问，我也得以聆听他的汇报。可惜的是，虽然汇报很精彩，但这位演讲者从开讲第一句到结束，听众只能看到他的下巴。

他的语句娴熟、内容丰富，PPT 也做得精彩无比，但始终未能得到预期的掌声——自从有了电脑作为媒介后，很多演讲者都找到了躲避目光的好办法，如此一来，听众便只有看他后脑勺的份儿了。

这种现象并非个例。在为管理者进行辅导时，我发现他们在对话过程中常常羞于展示自信与领导力的眼神。但事实上，就拿吸引投资人的会议演讲来说，投资人多半对你所说的情况了如指掌，但还不敢轻易拍板掏荷包，因此要通过你的演讲接触一下真实的情况，并试图通过表情、眼神等表现判断你所说的是否与他所知的一致。在这一过程中，他们会仔细地看你的表现，以获取有关诚信、真诚的信号。

但当你的眼神不在听众身上，他们就会感受到并有可能会误认为你“目中无人”。电视节目主持人为了避免这种情况的发生，往往会将录屏和台词提示器精心组合起来，使自己在播报时一直面对摄像机，以确保观众可以一直接触到自己的眼神。

对于管理者来说，如何培养与塑造镜头感，才能让听众在感受到专业的同时又增加对你的信任？这就需你从用眼神定氛围开始做起。

熟悉你的演讲材料

准备充足——对自己要阐述的语言信息了如指掌是与听众建立有效目光接触的前提。对演讲内容了如指掌，你就不用花费心理能量记忆观点和字词的顺序。你的表现应该是向听众展示，而非增加自己的内在心理焦虑。

倘若你不用笔记就能进行有效演讲，那就这么做吧。倘若你需要大纲或一些其他形式的书面提示，也没有问题，但不要因为有了这些东西而疏忽准备或练习。

在使用笔记时，你也可以有效地使用目光接触，但这需要练习和有意识的努力。很多经验丰富的演讲者很善于应用此技能，即充分利用这些自然停顿：在听众笑的时候，或讲完一个重点时的空当，粗略地看一下笔记。

需要注意的是，要想有效地利用该技巧，你必须保持笔记的简洁性，在笔记中运用适合你信息顺序的一些简单词语或符号。如果你熟悉材料并准备充足，这些提示就足以让你滔滔不绝并与听众建立目光接触。

用眼神定氛围

我常常会向培训对象分享一条经验：当轮到你发言时，千万不要急着开口，先“老资格”地扫视一下距自己2/3远的听众，目光从左到右，再回到中间，在定神、定睛的同时用你的微笑和眼神告诉他们：“我对你们很感兴趣，我已经做好了和你们分享的准备。”

此时，听众多会安静下来，进入沟通学中的“安静警觉期”——只有静下来，他们才会对你的话语投入更多的关注力。假如你能够营造这种寂静，并表现出对它的把控力，便为接下来的语言能量传递打下了坚实的基础。

如何将听众带入这种可贵的“安静警觉期”？如果听众众多，你不妨这样控制自己的视线：在脑海中将听众分为4个区域，随机面向每一组讲3～5秒。可以遵循“Z”形次序，即：

先向A组（左边后排）的听众谈几秒；

然后跟B组（右边后排）的听众说上几秒，再挪到中间的听众；

然后再是C组（前排左边）；

再移到D组（前排右边）。

接着变化一下次序，改为从B组开始，按“B→C→D→A”的顺序再次开始视线沟通。

注意：千万不要像摇头电扇一样匀速地转来转去，那样很容易让听众意识到你是在敷衍式地与他们进行目光上的交流。

建立起积极的视觉联系

当你进行公开的对话时，你的交流对象往往是一群人中的不同个体，而不是一个单一整体。因此，有效的目光接触不只是简单地扫一下整个房间，而是指关注每一个听众并与他们建立一种“一对一”的联系。

如何做到这一点？开始时，先选择一个人并亲自跟他交谈。看着他的眼睛且时间要足够长，以建立一种视觉联系。建立起这种联系的时间往往是 5 ～ 10 秒，然后将视线转向另外一个人。若从房间中的各个部分挑选一两个人与你建立个人关系，那么每个听众都会产生一种印象：你在直接与他 / 她进行交谈。

密切关注视觉反馈

当你演讲时，听众会用他们自己的非语言信息做出响应。通过你的眼睛找出这些宝贵的反馈。密切关注这些视觉信息，你便可判断听众对你发言内容的反应，然后及时对你的演讲做出相应调整。

倘若听众不看你，那么他们也没在听你说话。有时是因为他们听不到。倘若你没有使用麦克风，请说话大声一些并观察是否获得了积极响应。也有可能是他们感到厌烦了。如果是这样，你需要重新吸引他们的注意力，你可借助适当的幽默、增加声音的抑扬顿挫或新增一些有目的性的手势或身体动作。

你的听众是否表现出困惑？如果是，你可能需要对讲过的东西进行附加说明。解释时要观察他们，当他们脸上流露出理解的神情时，请转至下一个主题或观点。

你的听众对你皱眉头吗？记住，听众会无意识地反射出演讲者。可能是你先无意识地朝他们皱眉头。这时请微笑，观察他们的表情是否有所改变。这道理对于烦躁不安的听众同样适用：可能是你曾经做出某一分散注意力的身体习惯动作。另外，倘若他们的脸上表现出喜悦、感兴趣和全神贯注时，请继续保持，这说明你做得很好。

正如美国著名哲学家爱默生说过的那样："人的眼睛和舌头一样健

谈。”靠着眼神接触与目光交流建立起来的镜头感，你可以让自己的听众相信你是真诚的，以及你很在乎他们是否接受了你的信息。更重要的是，这种目光交流所形成的镜头感其实在接触过程中变成了一种反馈设备：它将对话情境变成了一个双向沟通的过程，只需要看着听众，你便可以确定他们对你所说的如何反应、你需要如何调整。一旦具有判断听众反应并对发言做出相应调整的能力，你将成为更有效率的管理者。

3. 有技巧的停顿营造思考与理解的空间

美国社会心理学家布兰登·欧文曾经邀请一些志愿者，让他们通过电话说服他人参与一项调查，并对这些电话录音进行了分析。结果发现，那些吐字快速、说话像连珠炮的人，成功说服他人的比例并不高；相比之下，语速缓慢而沉稳、懂得适时停顿的人却有更多人支持。

欧文先生指出，口若悬河地说话，未能给他人留出思考与理解的空间与时间。只有当每秒吐出三四个字，同时每个长句子停顿 4 ~ 5 次，才是最佳的说话语速与说话节奏。

这一技巧值得信任与使用吗？事实上，这一技巧在商业天才乔布斯生前，一直被他积极地运用。

乔布斯的演说技巧与内容因极具煽动性与个人魅力而被公众所认可与推崇，有很多研究商业成功案例的评论家们甚至认为，乔布斯的演说天才对“苹果”这一品牌的塑造起到了极大的推动作用。如果仔细地观察便可以发现，乔布斯在进行商品发布演说与其他重要讲话时，往往会加入许多强而有力的停顿。在这些停顿的间隙，听众的注意力与思维方向往往会被牢牢地吸引住。

乔布斯自己也意识到并更积极地运用了这一点，因此，他在演讲中停顿时，同时会展示出自信、坚定的神情。除了利用这段时间处理下一句要说的话，他也会利用这段时间仔细地观察听众，如此，便可以根据不同的状况做出回应——这种演讲技巧大大增强了他的说服力。

虽然可能有人会认为这样的停顿会让自己的讲话、演讲变得不那么顺畅，但在现实中，并非所有人都可以头脑与言语一致，完全流利地说出自己想说的话。因此，很多人在对话、演讲过程中，常常会习惯性地使用“呃”“嗯”“那个”等诸如此类的填塞词。

这些填塞词虽然可以在一定程度上帮助说话者利用短暂的时间连接、思考下一句要讲的话，但它们也会让聆听者感受到说话者本身的焦虑与紧张——这对于表现个人对讲话内容的掌控力、本身的专业力明显毫无裨益。

不过，哪怕你的能力再出色，你也无法在对话的每一刻都清楚地知道下一句自己要说什么，因此，在对话中学会有效停顿便成为取代负面填塞词的简单方法。

而那种认为在对话中停顿会导致气氛尴尬的说法，实际上只要使用正确的方法停顿，便可以在思考下一句要说的话的同时更把握住听众的注意力。国际演讲协会也指出，有效的停顿不仅可以让个人话语更有力，同时也更能吸引听众针对你的话语内容思考。

通过现实的经验总结，我发现，可以在下列四个时间点加入适当停顿的人，往往能够令听众更信服。

改变话题或内容时

“以上，便是我针对日后的营销策略所做出的说明……（停顿两三秒钟），接下来……”

当前面所说的内容告一段落后，在开始其他话题前稍做停顿，不仅可以让对方知道前面的内容已经结束，同时还可以暗示对方：“现在要进入其他话题了，你准备好了吗？”

这其实也是在让听众在对话停顿时做好继续聆听的心理准备，而当对方做好了准备后，接下来的话题便更能顺利进行，对方的理解程度也会进一步提高。

强调内容时

“虽然眼下有这么多预算，但有关市场调整所需要的费用——（停顿两三秒钟）还是不够。”

你可以试着念一下这句话，比较一下有停顿与没有停顿的差别——相信你一定能够清楚地感受到这句话强调了“还是不够”的部分。

为了加强话语的说服力，我们必须突出重点，在重点部分提升说话音量是一个不错的方法。不过，就算不提升音量，只要在想强调的重点前停顿一下，也可以使对方意识到“这里很重要”。

想让对方有所期待时

“其实——（停顿两三秒钟）我们一分钱也没有花！”

当你想要让对方期待接下来你所说的内容，或希望对方听到会吓一跳时，便可以在对话中“停顿”一下。

其实，这种现象在生活中也很常见：很多喜欢八卦的人在想要透露出自己认为重要的事情前，都会说一句“其实……”并在刻意停顿以后再说出自己想要说的事情。这就如同电视上的猜谜游戏：主持人总是在公布谜底以前先停顿几秒钟，使听众的心理氛围变得更加专注，以取得更好的倾听效果。

运用心理战术时

“您决定好了吗？（停顿两三秒钟）好的，那具体的合同……”

如果你曾经与真正出色的推销人员进行接触便会发现，在具有决定性的重要时刻，他们都有一个共通点——绝不会说个不停。

不管他们推销的是房子、车还是保险，抑或生活中常见的家电，他们在最后都只会说一句“您决定好了吗”，然后，停顿下来，等待对方的回应。此时，“停顿”变成了一种心理战术：随着时间一分一秒地流逝，对方自然会感受到一种无形的压力。最终，他会提出自己认为可行的让步的方法，像“能再便宜一些吗”“嗯……那好吧，就买这个吧”，从而达成对方的期望。

其实，在一场正常的连续对话中，本来就会出现“停顿/空白”，如果我们只注意“停顿/空白”，是无法达成预期效果的。

想要将停顿的技巧运用得更自如，除了必须记住停顿的时机，你还需要比以往更努力地掌握实际对话的起承转合。比如，当你满腔热情地向董事会说明了日后的经营策略后，相信多少都会有一些成就感；但反观聆听者，则需要一边回想，一边在脑海里整理出刚刚听到的资讯——了解了这一事实后，你便不会马不停蹄地立即进入下一话题了。

不过，这样高深的技巧在一开始时很难运用成功。在此，我可以拿演讲文稿为例，提供一种简单的训练方法：在开始时，先将演讲文稿想一遍，将自己想要暂停的地方做出标记；做完标记后，便可以照着稿子尝试着朗读；在遇到标记时，便做一个大大的深呼吸，同时在心里从 1 默数到 3；数到 3 以后，再接着朗读接下来的段落，并照此方式反复练习。

虽然一开始时你可能会感觉这样的停顿很不自然，但练习得久了，便可渐入佳境，进而能够在你认为需要停顿的时候自然地停顿。在这之后，再尝试在正式的演讲场合使用，你的话语将会更有力。

4. 改变声音就能吸引注意力

耶鲁大学的沟通专家斯蒂芬·朱伯特做过一个口语表达的相关研究，并且归纳出著名的“7 / 38 / 55 定律”——在面对面的信息传递中，语言沟通与非语言沟通同时存在，而听众的打分依据可以按照下图分类。

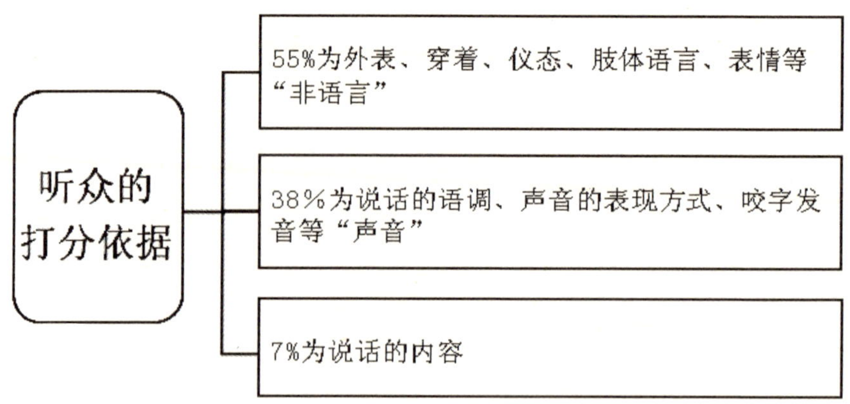

朱伯特指出，如果失去了38%的说话语调，沟通效果便会大打折扣。其实，一个人的声音是重要的语言记忆，我们一生都在搜集这些信息，有了这份记忆，我们才能认识这个人。我们从一个人的说话语调中至少可以同时听出三种信息：其个人性格、情绪及情境。因此，是否能够通过声音传达出正确的信息，便成为决定个人是否专业的关键。

有一次，我到某著名公司的客服中心授课，一位说话嗲声嗲气的女学员问我："为什么我的同事每天都可以处理很多通电话，而我每一次的电话都要讲很久，客户还不愿意挂掉？"

听到她的声音，我立即知道了问题出在哪里，于是便笑着说："换作是我，我也不愿意挂电话。你的声音很轻，讲话时会拖长音，而且每一句话尾音都会向上扬，这些元素加起来就会给人留下挑逗的感受，男性客户当然会舍不得挂电话了。"

柔顺的个性再加上包容的职业需求，创造出了有如恋人絮语一般的亲密情境，男性客户想与这位客服人员多说几句也很正常。

声音远比想象中更有魔力，只要我们设定好目标，并且用对方法调整，不但可以恰当地展示出性格与情感，同时更能够营造出我们想要的对话情境——只要成功地将听众引入我们营造的情境中，对方自然会被我们所吸引。

在我看来，如果你能够在对话中注意到以下几点，那么，不管你的对话目的是说服还是说明，都会更容易获得对方的认同。

发现自己的声音

我们大部分人都对自己的声音存在误解——这是已经科学证实的事情。清楚地了解自己的声音，可以帮助你控制音量，并有意识地将其转变成更深沉的声音。你可以在电脑、便携式录音设备如MP3、手机上录下你的声音，并播放它们。

在倾听你的音调时，应注意以下问题：它是不是太高、太空、太刺耳了？对于男生与女生而言，低沉的声音都是具有足够的挑战性而又有吸收力的，找出你的声音缺点，便能针对性地纠正它。

让你的声音听起来恰当

每个人的音域范围可塑性很大，你可能听到一个腼腆的人突然发出了很大的声音，你也有可能会听到一个拥有洪亮声音的人突然降低声音。声音的响度与音量在力度与强度上应该合适，而且应该表现出多变的模样，这样你才可以在自己的对话过程中突出重点，并展现出震撼的效果。如果你要与他人进行有效沟通，那么，你就应该在自我音调的上下限之间，根据不同的对话内容，找出那个最恰当的音量。

◆ 顾及你的听众。

你在向谁说话？是向一个人还是向一群人？显然，音量的大小要视场合与听众数量而定。

如果你不能确定自己的音量是否足够，你只需要看听众的反应即可。如果你发现有些听众听得很费力，那么，你就应该大声一些。

如果与你对话者有些耳背，你自然应该大声一些；如果对方只是因为年纪大、反应较慢，你就不需要扯着嗓门说话，免得让他反感。

在嘈杂的环境中应该大声一些；在安静的环境中你自然应该降低音量。

◆ 配合你的内容。

音量大小也需要与演讲内容配合。如果演讲想要传达强而有力的信息、激人上进，你的声音就不该太轻柔，以致削弱对话的效力。如果你的目的是安慰他人、想要说服他人采纳你的观点或者指正他人，那么，你的音量就应尽量柔和。如下图所示。

需要提高音量	需要降低音量
·向大群听众讲话时。 ·周围有噪声时。 ·要传达重要的信息时。 ·要激励对方采取行动时。 ·要引起别人注意时。	·身处安静环境中时。 ·有私密的事情要商议时。 ·需要安慰对方、说服对方时。

提升你的音质

音质对你的发声至关重要。它可传递感情色彩。你的声音色彩是用来抒发感受的工具，你与他人对话时，你应该带给他人积极向上的感受——只有当他人从你这里感受到了能量以后，你的影响力才会大大增加。

通过声音的质量，你实际能够确定你与听众或者说话对象之间关系的基调。如果你的声音质量是鼻音浓厚、气息不稳、刺耳或者毫无生命力，那么你应该努力改变它。你应该力求让自己的声音变得清晰、悦耳且充满情感——这样的声音可以帮助你在他人眼中建立起坚不可摧的信任。

控制你的说话语速

说话语速往往与个性密不可分，因为语速与个人思维方式、行为表现和生活方式相关，所以较难改变。但是，在平日里，我们应该避免说话过快或过慢，因为这两种方式都会使我们的发音受到破坏、限制音高出现变化，并改变我们的声音质量。

说话慢的人肯定不知道听他说话的人必须保持注意力集中。人们思维的运转速度比语速快很多，于是语速过慢容易让听众昏昏欲睡。另外，经常这样就会导致说话支支吾吾和缺乏变化，你所说的内容也变得不易理解。

说话过快也会引起类似的问题。当信息顷刻蜂拥而至时，听众会感到沮丧并走神。说话过快的人会跳过一些发音，而无法做到变换强度、音量和音高。

最有效的语速范围是每分钟 120 ～ 160 个字。要轻松地将语速保持在这一最佳范围内。如果你说话较快，则应避免造成嗡嗡声令人厌烦；如果你说话较慢，也要保证他人能听懂。说话时变换自己的语速，还可反映你的感情和情绪的变化，以及强调重点。

根据重点变换你的音调

人的说话方式就像音符。一位优秀的对话者会利用多达 25 种不同的音调，从而传递动感和意义。而在对话过程中仅用一种音调的人会让听众觉得枯燥，并容易造成他们走神和厌倦。

发声的多样性是利用声音产生吸引力、兴奋和情绪共鸣的方法，而你可以通过变换音高、音量和停顿实现这一点。

学会让自己的语调变得抑扬顿挫是一个不错的选择：将那些需要强调的字眼提升音高，可以让人明白你到底在强调什么样的重点。具体如下：

我真的出生在北京（而你出生在其他地方）。

我**真的**出生在北京（你难道怀疑我不是出生在这）。

我真的**出生**在北京（我是原居民，而不是新移民）。

我真的出生**在**北京（不是在北京以外）。

我真的出生在**北京**（不是在上海）。

声音的力量足以影响世界，而我们说话时运用的语调往往会随着我们自身的变化而变化，它深刻地影响着我们感受自己与他人反应的方式。你越早意识到这一点，你越能通过语调塑造出更好的个人专业力。

5．边讲边秀才能与听众更好互动

一流的表达者会边讲边秀，并根据听众的反应调整自己的话语，以最大限度地实现与听众的互动。也正是这些动态的交流使对话不至于沦为观点的传达或单方面的意志表达，而是形成了有效的沟通。

我的一位客户便是在吃过一番类似的苦头后，才发现了边讲边秀的价值。

他是某著名软件公司在华中地区的地区销售经理。虽然在该公司工作了很久，但他极少懂得如何才能使听众真正地被自己吸引。某一次，他需要向几位内部管理者就一种未经证实的市场营销理念做一场观点传递。

在信息传达的过程中，他痛苦地发现，这几位听众大部分不愿意接受新的观念。当他开始传达自己的看法时，听众的脸上满是不信任。这让他紧张不已：下一步要怎么做，才能让观点被听众所接受?

其实，这位客户不知道的是，他已经做到了表现自己专家力的第一步：他观察到了听众的反应。接下来，他需要针对性地秀出自己的专家力：只要看到有人露出怀疑的表情，或做出了消极的反应，他便给出有力的证据。

这个方法立即奏效了：他观察到听众的怀疑度大大降低。还有几次，对方甚至朝他点了点头。于是，他不断地恢复沉着冷静，继续充满信心地介绍有关该理念的新内容。

在后来的相关对话中，这位管理者将互动带入了更高的层次：他开始主动博得听众的赞同。他不仅在听众提出疑问时为之解惑，同时更比反对者早一步抢占先机，用精心设计好的一系列否定疑问句自问自答。而每一次他看到对方点头，他的自信便增加一点："对方认可时，我便感觉有更多的机会证实自己的观点了。"

这位管理者充分利用了互动的力量，以边讲边秀出专业力的方式博得了听众的赞同。更重要的是，他顾此不失彼，游刃有余：观察了解听众的反应，并且及时调整演讲的内容。不过，这样的技巧并非一朝一夕培养起来的。想要克服在看到疑问、不认可与不信任时的恐慌与不安，想在下一步实现更好的互动，你就必须先放下自己在想什么。

放下你在想什么

国际一流演讲家魏斯曼说过，在他的演讲指导课程上，他会让每位成员都站起来，发表一段简短的演讲，听众就是房间里的其他成员——他们的同事。工作人员会用数码摄像机把这段演讲录下来，故意使其成为一个刺激肾上腺素分泌的场景。每个人完成演讲后，魏斯曼都会问："当时你在想什么？"

"在你演讲的过程中你的脑子里闪过了一些什么？"

而那些演讲能力表现不佳的人想的大多是同一类事情：将重点放在自己身上。如下图所示。

过分关注自己

- [ ] 我在想我要说什么
- [ ] 我在想我的手要怎么放
- [ ] 我在试着如何用眼神与听众交流
- [ ] 我在试着让大家接受我的观点
- [ ] 我在试着放慢速度
- [ ] 我很紧张
- [ ] 我在试着去想接下来要说什么
- [ ] 我期望自己之前能多练习几次

可以看出，上述想法都有一个共同点：它们将重点放在了“我要怎么做”上。换一种说法就是：“我才是焦点”“我最好表现好一点”，但这种想法只会加剧自己对对话的恐惧。

换句话说，如果你想在听众面前表现得更出色，你就必须停止这样做，并做出彻底的改变。去改变自己的想法，从关注“我在想什么”转移到“我要如何做才能更吸引听众”。这一转变不仅是缓解个人紧张情绪的关键，同时也真正实现边讲边秀的关键前提。

站在观众视角与导演视角想象画面

什么是导演视角？导演是可以看到全局的人，而站在导演视角，目的是呈现出更完整的画面。

什么是观众视角？即在表达时需要站在观众的角度考虑一下：他们能

不能看懂你的表演？

在现代舞台表演中，导师往往会强调一个要点：在涉及重要的内容时，一定要学会如何做“慢动作”，而这种慢动作为的就是使观众可以看得更清楚。

比如，偷偷抹眼泪这个动作，在现实生活中，大多数人都会做得很隐蔽，但在表演时，为了可以让观众看得清楚，表演者往往会将动作速度放慢、动作幅度放大一些。

不过，讲话时的“秀”与表演中的“秀”还是有所不同的：讲话时的“秀”一般是在模仿过往的场景，或者他人的做法，其他时间则是在与听众互动。若从头到尾都在秀，那便不是在对话，而是在演戏了。

因此，确切地来说，讲话时的“演”可以分为两部分：

① 作为陈述者，与听众对话，以最恰当的表情、手势表现情绪、事件走向。

② 作为陈述内容中的主角，重现场景。

越是重要的对话，越要讲得好，更要讲得到位。

当你在阐述重要的内容，着重于和听众互动时，你应大胆地将内心的情绪形于色、表于行。有力的表演可以让你的语言更有力，从而让话语更有抓手。

关注听众的反应

让你的听众点头并不是偶然事件。事实上，如果运作恰当，那么你可以一直让他们点头。不过，想要实现这一目的，你需要做到以下两点。

① 观察听众的反应，并推测对方是否理解了你所说的内容。如果他理解了，他便会点头；如果没有理解，他便会充满疑问地看你一眼，或者直接皱眉头。

② 根据观察到的反应调整演讲的内容——这一点在你展开多人对话时极为重要，特别是在演讲时，如果一名听众点头，那么你可以把眼神从

他身上移开，转移到另一名听众身上去。但大部分听众都在皱眉或神情表现出了疑问时，你就需要做出改变。

一般情况下，你可以根据听众的反应采取下述措施。如下图所示。

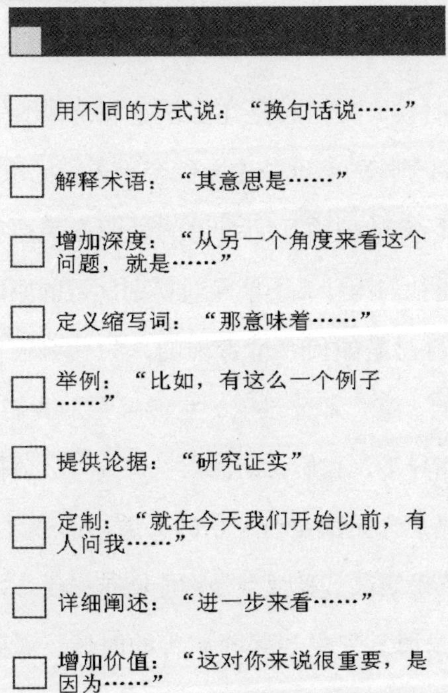

在多人对话中，你也可以通过直接与一名听众交谈改变自己的阐述内容。你可以请对方说出自己的想法或困惑。比如，你可以说："你好像有问题要问。"通过这种有效的互动，你可以让听众产生共鸣，进而对你所说的内容产生积极的回应。

当你能够真正地实现边讲边秀时，你就会发现：你日益熟练地掌握这种强大的新技巧时，互动交流的积极能量就会在你讲话时倍增，并最终让你的观点形成一种几乎不可抗拒的正面感知。

6．触发“情绪感染效应”才能调动参与感

当谈到说服的时候，我们总是在强调逻辑与理性：很多人花费了太多的时间与精力，用理性的态度争论一件合乎逻辑的事情时，他们为了自己的观点，会利用很多的理由证明自己的说明是完全正确且值得被认可的——但这恰恰也是他们为什么不能及时得到认可的原因。

人类总是高估自己是如何合情合理的，为什么会将“说服”变成这样的原因是多方面的，有一部分是因为它能够帮助我们变得更加明智与聪明。在我们的情绪指导下，我们会让他人见识到自己值得骄傲的一面。

可是，人类的情感才是决定这一切的关键。情感是我们生活中最重要的司机——它们最终确定某一种观点是否能够被接受。

香港知名人士罗德丞先生到美国旅行的时候，看到一家报纸上刊登了一张他不愿意刊登的照片——那是他少年时代做过的一件荒唐事。他提笔给那家报社的编辑写了一封信，在信上，他是否会说“请不要刊登那封信，我非常不喜欢它”？

当然不会！他知道，自己的母亲是在美、英两国都得到尊重的一位高贵而心地善良的女士，因此，他在信上写道：“那张照片伤透了母亲的心，恳请贵报理解一个儿子不想再伤害母亲的心，日后不要再刊登。”

同样，当美国石油大王约翰·洛克菲勒想要阻止记者刊登他孩子的照片时，他也没有强硬地说“我不希望孩子的照片刊登出来”，他非常清楚

如何调动人们的情感："我相信，在场的每一位父亲都与我抱有同样的想法——让孩子成为公众人物并不恰当。"

如果你想要说服别人，你就必须利用"情绪感染效应"：不管你的想法有多么合理、你的逻辑有多么清晰、你有多少论据支持你，如果你没有调动起对方的情绪，那么，他就很难接受你的任何意见。恰当的情绪可以感染他人。你说得越充满感情，就越容易打动对方。

这与心理学家的研究相呼应：在我们所做出的决定中，有90%以上的决定都是感情的，然后我们才会进一步使用逻辑来检验行为；单纯地想要使用逻辑说服一个人，你的胜算不会太大。这就如同一个陷入了热恋的人，哪怕你列举出千百条"对方不值得爱"的事实，如果你没有带入情感说服那个热恋者，他就极有可能陷入一段可怕的恋情之中。

学会将对方带入你的想象

你应该保持积极的态度：当你相信自己有能力解决问题的时候，你才能真正地处理当下的分歧。如果你发现自己的信心开始减弱，那么，你应该从现在开始，不断地提醒自己与对方令人高兴的地方，将对方带入成功的想象便是一种典型的做法。

假设你在与一位重要的客户协商未来一年内新的合同价格，但是双方都不愿意让步，那你完全可以向对方暗示：这份合同将对双方的发展都大有裨益，你甚至可以想象得到，你的公司能够获得足够的盈利，而他的公司也将因为获得了足够优秀的原材料而得以与竞争对手相抗衡，甚至在对方不断削减原材料费用的情况下超越对方——这种积极的想象会让对方感受到你对未来合作的憧憬，而这种强化积极情绪的做法多半会让对方紧绷的精神也放松下来。

让对方看到清晰的行动方案

你需要将事实转化成带有情感的东西，然后让对方清晰地看到具体的内容，从而调动起他的情绪。

①“这会让你购买房屋的日程提前三年！”——它带有兴奋的刺激作用。

②“你会发现自己的存款少了一半！”——它带有惊吓作用。

两者都能够调动起对方的情绪。

当然，如果你在说服时将事实带入了对方很在乎的东西，比如，对方在意金钱，你就摆明金钱上的变动，那么，你的说服将会给对方带来更大的情感波动。

除了动之以情，如果你可以提出一个清晰的行动方案，帮助对方看到具体的行动步骤，那么你成功的概率会更高。特别是在请求对方的协助时，想要让对方充满激情地采取行动，你就需要让他人明白：

① 他为什么要这样做、需要怎样去做。

② 他知道要往哪里去、要怎么去。

可以看到未来到底要怎样走，可以使大部分的人心中感觉到踏实。

让对方以为这是他的功劳

如果人们认为这个主意是他们想出来的，那么他们会更积极地响应你。

◆ 让对方意识到这个主意与他之前的做法相符合。

如果你能够让对方回想到他之前的行为，并告诉他：这个主意与他那时的做法非常一致，那么，他被说服的概率会更高。这是艾蒙德的“一致性原则”：人们习惯给他人留下“言行一致”的印象，如果他认为这个主意与自己的行为和想法是一致的，那么，你获得支持的概率会更高。

◆ 让对方意识到这是一次交流而不是强迫。

最令人厌恶的对话是将对话变成强迫的意志灌输——哪怕你面对的是你的下属，对方也不会愿意被你强迫地接受某个意见。因此，当你提出建议或想法时，最好是让对方意识到你并不以为自己什么都懂，这样对方会认为你更加可信。这样的说法在此时可以更多地运用一下："我也不是什么都懂，所以，期望我们能交流一下意见。"

警惕对抗现象

在对话过程中，你需要当心人们有可能犯下这样的错误：一旦犯起倔来，谁都别想劝得动！对于这一现象，美国行为心理学家约翰·华生早就通过对人类行为的研究证明过，人总是"越被禁止干什么，就会越想干"。这一现象被他称为"对抗"：一旦人们觉得他人在限制自己的行动自由，便会产生这样的情绪。

它的威力太强大了，以至于华生先生在后续的研究中指出，人们会刻意地做出与他人建议完全相反的行为——只是为了对抗。

如果你一味强硬地说服他人，他人就很容易产生对抗情绪。如果他感觉自己受到了强迫，不得不去做某件事情，那么他才不会敞开心胸听你的意见。这种反应的确有其逻辑可寻，我们大部分人都会有这样的想法："如果你一味地让我配合，且不考虑我的意见，我为什么要听你的？"

面对这种情况，最好的策略就是，在对话以前先告诉对方所有的决定权都在他的手上，然后再摆事实、讲道理，将你建议的好处与坏处都讲给他听。

正如美国著名演讲学家丹尼斯·魏特利所说的那样：最恰当的说服不是你的理论有多么严谨，而是你的情感有多么动人。只有当你触发了情绪感染效应以后，对方才会因你的情绪而感动，进而愿意参与到你所说的内容中去。